120 Perguntas e Respostas da Nova Lei das Rendas

120 Perguntas e Respostas da Nova Lei das Rendas

2019 • 3ª Edição

Regina Santos Pereira
Advogada

Filomena Lança
Jornalista

ALMEDINA

120 PERGUNTAS E RESPOSTAS DA NOVA LEI DAS RENDAS

AUTORAS
Regina Santos Pereira
Filomena Lança
1ª Edição: Maio, 2015

EDITOR
EDIÇÕES ALMEDINA, S.A.
Rua Fernandes Tomás, nºs 76-80
3000-167 Coimbra
Tel.: 239 851 904 · Fax: 239 851 901
www.almedina.net · editora@almedina.net

DESIGN DE CAPA
FBA.

PRÉ-IMPRESSÃO
EDIÇÕES ALMEDINA, SA

IMPRESSÃO E ACABAMENTO
PAPELMUNDE

Outubro, 2019
DEPÓSITO LEGAL
462393/19

ALMEDINA | GRUPOALMEDINA

BIBLIOTECA NACIONAL DE PORTUGAL – CATALOGAÇÃO NA PUBLICAÇÃO

PEREIRA, Regina Santos, e outro

120 perguntas e respostas da nova lei das rendas / Regina Maria dos Santos Pereira Lourenço, Maria Filomena Palma Brito Lança. – 3ª ed. – (Fora de colecção)
ISBN 978-972-40-7493-1

I – LANÇA, Filomena

CDU 347

Introdução

Desde 2012, com a entrada em vigor da nova Lei das Rendas, que o mercado do arrendamento sofreu uma alteração de paradigma. O grande alvo foram os contratos anteriores a 1990, realizados antes do Regime do Arrendamento Urbano (RAU), cujos proprietários receberam luz verde para avançar com actualizações das rendas para valores mais próximos dos praticados actualmente nos novos arrendamentos e com a possibilidade de terminar os contratos.

As novas regras desde cedo levantaram muitas dúvidas, tanto a proprietários como a inquilinos. Não só porque as mudanças na lei foram de facto muito significativas mas, também, porque o diploma legal não é fácil de decifrar. Além disso, à versão inicial veio juntar-se, em 2014, 2017 e 2019, um conjunto significativo de alterações, susceptíveis de, mais uma vez, trazer alguma confusão ao mercado.

A matéria relativa ao arrendamento sempre foi, aliás, de difícil interpretação e aplicação, não só porque a forma como as leis vieram a ser escritas foi sempre susceptível de dificuldades interpretativas, mas também porque é uma temática que tem grande impacto na vida das pessoas.

Essas dúvidas fizeram nascer este projecto, que pretende dar respostas a quem não tem conhecimentos técnicos e a quem não está habituado à linguagem jurídica dos diplomas legais e não os compreende facilmente. Por isso, esta é uma obra eminentemente prática e orientadora.

Sem a pretensão de ser uma obra exaustiva, é constituída, ao todo, por 120 perguntas e respostas que passam em revista a reforma do arrendamento, contribuindo para o esclarecimento e visão geral das novas regras. É um trabalho que tem como destinatários os proprietários de imóveis, os seus inquilinos e, em geral, todos os que desenvolvem a sua actividade na área do imobiliário, tais como mediadores imobiliários ou participantes e sociedades gestoras de fundos imobiliários.

As questões tratadas basearam-se em casos reais do quotidiano de senhorios e inquilinos de que fomos tendo conhecimento, mas as respostas não devem ser tomadas pelo leitor como soluções para os seus casos concretos. Na verdade, as diversas interpretações da nova Lei das Rendas e as decisões que têm sido tomadas nos tribunais exigem cautela na aplicação da mesma aos casos concretos, devendo estes ser analisados segundo as suas particularidades.

Tivemos também a preocupação de tratar as questões mais frequentes relativas à reabilitação urbana, de forma a poder esclarecer e ajudar os proprietários de imóveis que carecem de obras profundas. De facto, as recentes oportunidades criadas pela nova Lei das Rendas no que respeita à reabilitação urbana permitem gerir o património de forma a torná-lo uma opção válida e uma alternativa para a crise na construção imobiliária e no crédito bancário para aquisição de habitação própria.

Além das alterações à lei original, aprovadas no final de 2014, 2017 e novamente em 2019, esta obra inclui também as alterações fiscais, introduzidas com a Reforma do IRS que entrou em vigor em Janeiro de 2015 e que veio consagrar novas formas de tributação, tanto do lado dos inquilinos como do lado dos proprietários, com estes últimos a ter de respeitar novas obrigações declarativas.

Capítulo I
O novo regime de actualização das rendas

1. Quais os contratos e rendas que podem ser alterados com a nova Lei das Rendas?

A nova Lei das Rendas, que entrou em vigor em Novembro de 2012 e foi alterada em 2014, 2017 e 2019, aplica-se a todos os contratos de arrendamento, habitacionais e não habitacionais, celebrados depois dessa data ou já em vigor, consagrando para estes últimos um conjunto de normas transitórias. No conjunto das normas transitórias estão em causa três grupos de contratos de arrendamento:

1. Os celebrados para habitação anteriores a 1990 – ano em que foi publicado o Regime do Arrendamento Urbano (RAU) e os comerciais anteriores a 1995 (quando entrou em vigor o Decreto-Lei nº 257/95 de 30 de Setembro) e;
2. Os contratos de duração indeterminada celebrados para habitação depois de 1990 e até 2006 e os comerciais depois de 1995 e até 2006.
3. Os contratos de duração limitada (com prazo certo) celebrados para habitação depois de 1990 e até 2006 (o regime especial aplicável a estes contratos apenas surgiu com a alteração à Lei das Rendas feita em Fevereiro de 2019).

O regime de actualização das rendas e transição para o Novo Regime do Arrendamento (NRAU) que iremos descrever nas respostas nº 2 a

49 só se aplica ao primeiro grupo acima referido. Este primeiro grupo de contratos inclui as chamadas "rendas congeladas", contratadas no regime vinculístico e muitas vezes com dezenas e dezenas de anos, que se foram transmitindo por morte e cujos contratos, não havendo oposição do inquilino, se renovavam de forma automática. As rendas destes contratos passaram muito tempo sem ser actualizadas ou foram apenas alvo de correcções, como a que aconteceu com um diploma aprovado em 1985 (designado por Lei das Rendas) que veio aplicar coeficientes extraordinários de actualização das rendas. Não foi suficiente, o que, somando a uma inflação elevada, conduziu a rendas muito desvalorizadas e com valores reduzidos quando comparados com os praticados nos novos contratos de arrendamento.

E foi este o objectivo da nova Lei do Arrendamento, assumido pelo Governo: uniformizar os valores das rendas e aproximar as antigas das dos contratos realizados actualmente.

De acordo com os números recolhidos pelos Censos 2011, haveria, à data, cerca de 255 mil contratos de arrendamento anteriores ao RAU e, portanto, com rendas susceptíveis de serem actualizadas ao abrigo da nova lei. Estas são, no entanto, as únicas estatísticas oficiais existentes, que revelam ainda que as rendas antigas se concentram, sobretudo, nos grandes centros urbanos de Lisboa e do Porto.

Os segundo e terceiro grupos de contratos serão abordado nas respostas nºs 50 a 52.

2. Os senhorios são obrigados a aplicar as alterações da nova Lei das Rendas?

Não são. Ao longo dos anos já houve diferentes formas de tentar actualizar as chamadas rendas antigas. Houve coeficientes de correcção extraordinária de rendas, nos anos 80 do século XX e a partir de 2006, com a entrada em vigor do Novo Regime de Arrendamento Urbano (NRAU), passou a haver um novo mecanismo, o mesmo que estava no terreno até à chegada da nova Lei das Rendas, em Novembro de 2012. Este mecanismo fazia depender a actualização da renda da avaliação do imóvel para efeitos fiscais, bem como das condições de habitabilidade do mesmo (o chamado coeficiente de conservação dos prédios). A actualização era faseada em dois, cinco ou dez anos, pelo que haviam contratos que, quando a nova lei entrou em vigor, a 12 de Novembro de 2012, estavam ainda a ser actualizados ao abrigo do NRAU versão 2006. Nestes casos, com a entrada em vigor da reforma do arrendamento, em 2012, os senhorios puderam optar entre manter essa actualização nos termos que estavam previstos, ou então aplicar a nova lei. Decidindo continuar a aplicação do regime anterior, teriam de comunicar essa opção ao Instituto da Habitação e da Reabilitação Urbana (IHRU) no prazo de 30 dias a contar de 12 de Novembro de 2012, data em que entrou em vigor a reforma. Em suma, quer nas leis anteriores quer na Nova Lei das Rendas, os senhorios não são obrigados a actualizar as rendas, sendo por isso, uma opção e não uma obrigação.

3. Os senhorios podem actualizar as rendas segundo a nova lei nos casos em que já aplicaram o coeficiente anual?

Uma das formas de os senhorios poderem actualizar as rendas é mediante a aplicação do coeficiente de actualização estipulado todos os anos pelo Instituto Nacional de Estatística (INE) até 30 de Outubro e por Portaria do Governo, que resulta da variação do índice de preços no consumidor, excluindo habitação, relativa aos últimos 12 meses.

Ao longo dos anos a publicação da referida Portaria que permite a actualização tem sido feita no mês de Outubro. Apesar do mês da respectiva publicação em Diário da República ser, habitualmente, o momento a partir do qual os senhorios podem actualizar as rendas, por passarem a conhecer o coeficiente legal, o momento próprio para a comunicação da actualização deve ser o de um ano após a última actualização.

Em conclusão, nestes casos a renda pode ser actualizada anualmente e a base legal desse direito (o de actualizar a renda) é a Portaria que determina qual o coeficiente a aplicar.

Assim, em alguns casos, quando a nova Lei das Rendas entrou em vigor (Novembro de 2012), os senhorios já tinham actualizado as rendas mediante a aplicação do coeficiente anual.

Nesses casos e apesar de, na data da entrada em vigor da nova Lei das Rendas, ainda não ter decorrido um ano após a actualização da renda com fundamento no coeficiente legal, os senhorios puderam aplicar a actualização decorrente da nova lei, uma vez que a fonte desse direito – ou seja, a lei que está na sua base – é diferente da actualização anterior (ou seja, aquela que decorre da aplicação do coeficiente legal).

De referir que, uma vez que a actualização da nova Lei das Rendas se baseia no valor patrimonial tributário (VPT) do imóvel – podendo a mesma, como veremos, ser actualizada até ao valor máximo de 1/15 desse valor – o facto da renda já ter sido actualizada (com o coeficiente legal) não teve qualquer influência na actualização decorrente da nova lei.

4. Como será feita a actualização da renda?

De acordo com a nova Lei das Rendas, todo o procedimento de actualização das rendas antigas deve basear-se num processo cuja iniciativa parte do proprietário do imóvel e que seguirá depois um conjunto de formalismos expressamente fixados na lei e que não devem ser preteridos.

O senhorio deve começar por comunicar, por escrito, a sua intenção de que o contrato transite para o Novo Regime do Arrendamento Urbano (NRAU). Na mesma carta deve igualmente indicar o valor patrimonial tributário (VPT) do imóvel, que corresponderá à avaliação realizada pelas Finanças de acordo com as regras do Código do Imposto Municipal sobre Imóveis (CIMI) – recorde-se que com a avaliação geral de imóveis levada a cabo pela Autoridade Tributária e Aduaneira entre 2012 e 2013 todos os prédios ficaram com o seu VPT actualizado. Para comprovar esse valor, deve juntar-se à carta cópia actualizada da caderneta predial do imóvel. O senhorio deve, também neste primeiro contacto, indicar qual o novo valor que quer dar à renda, bem como o tipo e a duração do contrato que pretende.

Na primeira carta o senhorio pode indicar o novo valor da renda, tipo e duração do contrato que quiser, uma vez que nesta primeira comunicação a lei não impõe qualquer limite. No entanto, se o inquilino apresentar oposição, a proposta do senhorio passará a ter os limites que a seguir se indicarão.

De referir que, apesar da lei ter previsto um processo negocial entre senhorio e inquilino, o carácter de negociação entre as partes é meramente aparente e não corresponde verdadeiramente a uma negociação.

Na verdade, apesar de senhorio e inquilino poderem chegar a acordo sobre a nova renda, tipo e duração do contrato, certo é que a lei determina exactamente quais os vários sentidos que senhorio e inquilino devem pronunciar-se e sempre no prazo de 30 dias.

Assim, apesar da aparente negociação, certo é que senhorio e inquilino devem responder às respectivas cartas com um dos sentidos previstos expressamente na lei, conforme a seguir se explicará.

5. O que significa transição para o Novo Regime do Arrendamento Urbano (NRAU)?

Considera-se que um contrato transita para o Novo Regime do Arrendamento Urbano (NRAU) quando passam a aplicar-se-lhe todas as regras da nova lei, nomeadamente no que respeita ao tipo e à duração do contrato – a prazo certo ou duração indeterminada, consoante a opção das partes.

6. Quais os formalismos a respeitar na carta do senhorio?

Como referimos antes, a carta do senhorio deve ser acompanhada de cópia actualizada da caderneta predial do imóvel, uma vez que, como veremos, o valor patrimonial tributário (VPT) poderá ser decisivo para o valor da nova renda. Neste primeiro momento, porém, será o proprietário do imóvel a indicar qual a renda que quer passar a receber depois da actualização, devendo fazê-lo logo na sua primeira comunicação.

Esta deverá ser remetida para a morada do imóvel arrendado, a menos que o proprietário tenha tido previamente indicação em contrário do inquilino, sendo que tal indicação deverá ter sido feita por escrito.

Neste primeiro momento, o proprietário deverá também incluir todo um conjunto de informação que o inquilino deverá ter na sua posse para poder responder adequadamente e nos termos da lei. Essa informação inclui obrigatoriamente o seguinte:

1. Que o inquilino tem 30 dias para responder;
2. Quais as possibilidades de resposta que a lei permite ao inquilino, ou seja, que este pode aceitar a renda proposta pelo senhorio; opor-se e propor outro valor; pronunciar-se quanto ao tipo e à duração do contrato propostos pelo senhorio; ou, finalmente, denunciar o contrato e entregar a casa.
3. Que, consoante a resposta que venha a dar o inquilino, se for o caso, poderá invocar também a existência de determinadas circunstâncias, isoladas ou cumulativamente, sendo essas circunstâncias as seguintes: que o rendimento anual bruto corrigido (RABC) do seu agregado familiar é inferior a cinco retribuições mínimas nacionais anuais (RMNA); que tem 65 anos ou mais; ou que tem um grau de deficiência igual ou superior a 60%.
4. Indicação de que terão de ser apresentados documentos comprovativos da ou das circunstâncias invocadas, nomeadamente, o comprovativo do RABC emitido pelos serviços de Finanças (ou prova de que o mesmo foi requerido), bem como documentos que comprovem a idade e/ou o grau de incapacidade que tem.
5. Referência ao que prevê a lei para o caso de o arrendatário não responder à comunicação do senhorio ou de, respondendo, não invocar desde logo as circunstâncias que acabámos de referir – ou seja, que se o inquilino nada disser no prazo de 30 dias, isso será considerado como uma aceitação da proposta do senhorio e que, se não invocar as circunstâncias excepcionais logo naquela altura, já não o poderá fazer no futuro.

Atenção que se o senhorio não incluir na sua comunicação inicial todas estas informações, considera-se que essa comunicação é ineficaz, ou seja, não produzirá quaisquer efeitos legais.

Refira-se que esta obrigação do proprietário não constava na versão inicial da nova Lei das Rendas e foi incluída pelo Governo em 2014, no âmbito de um conjunto de alterações então introduzidas. Foi uma alteração sugerida pela Comissão de Monitorização da Reforma do Arrendamento Urbano e justificada pela existência de situações anteriores em que os inquilinos, por desconhecimento, não respondiam atempadamente ou não usavam os mecanismos de defesa contemplados na lei, sendo depois confrontados com rendas que ultrapassavam as suas capacidades financeiras.

Finalmente, o proprietário deverá também indicar na carta o seu endereço completo, comunicando depois qualquer alteração de morada que eventualmente aconteça entretanto.

Note-se também que a carta deverá ser enviada por correio registado e com aviso de recepção. Este é um pormenor muito importante, uma vez que a data da recepção da carta é que dá formalmente início ao processo de actualização da renda. A lei admite, no entanto, que a carta possa ser entregue em mão pelo proprietário. Se for esta a opção, deve haver uma cópia da mesma, que será assinada pelo inquilino, bem como uma nota de recepção.

7. A quem deve ser dirigida a carta do senhorio?

Se a casa arrendada for também casa de morada de família – ou seja, residência do casal –, o senhorio deverá enviar uma carta para cada um dos cônjuges, ainda que apenas um deles seja o titular do contrato de arrendamento. Se o não fizer, a sua tentativa de actualização da renda poderá ser depois considerada como ineficaz. O mesmo acontece se houver mais do que um inquilino a figurar no contrato de arrendamento.

No caso do contrato de arrendamento para fim não habitacional e se o inquilino for casado, deve também ser enviada uma carta para cada um dos cônjuges.

8. Por quem deve ser assinada a carta do senhorio?

Se o imóvel pertencer a vários co-proprietários e houver, por isso, vários senhorios, então as comunicações deverão ser assinadas por todos ou então pela pessoa que legalmente os possa representar a todos – poderá ser um dos proprietários ou uma terceira pessoa devidamente mandatada para o efeito.

9. E se o inquilino não receber a carta?

Se a carta enviada pelo senhorio for devolvida porque o inquilino recusou recebê-la ou porque, por qualquer outra razão, não a foi levantar no prazo estipulado pelos Correios, então o senhorio deve remeter uma nova carta, com os mesmos formalismos da primeira e novamente registada e com aviso de recepção. Deverá fazer isso entre 30 a 60 dias contados a partir do envio da primeira carta.

Se esta segunda carta também não for entregue e vier devolvida, então a lei estabelece que se considera que a mesma foi recebida no décimo dia posterior ao respectivo envio.

O senhorio fica, também, obrigado a enviar uma segunda carta quando a primeira carta tiver sido recebida por pessoa diferente do destinatário, ou seja, se tiver sido recebida por terceira pessoa.

10. Qual o prazo que o inquilino tem para responder à carta do senhorio?

O inquilino terá 30 dias para apresentar uma resposta. Esse prazo calcula-se a partir da data da recepção da carta do senhorio nos termos que vimos acima e os dias contam-se corridos, ou seja, incluindo fins-de-semana e feriados que ocorram entretanto. Se por acaso houver vários inquilinos, com prazos possíveis de resposta diferentes, então essa mesma resposta poderá ser dada até ao fim do prazo que começou a correr em último lugar.

Refira-se ainda que, no caso do inquilino ser casado, então a resposta ao senhorio poderá ser assinada por ambos ou por apenas um dos cônjuges.

Havendo vários proprietários do imóvel, se nada for indicado por estes, então a resposta do arrendatário deve ser enviada em nome daquele que assinou em primeiro lugar a proposta de actualização do contrato. A carta resposta deverá ser enviada para a morada do remetente.

Note-se que havendo pluralidade de senhorios ou de inquilinos, se as comunicações tiverem conteúdo diverso por parte dos titulares das posições de senhorio ou de arrendatário, considera-se que não existiu qualquer comunicação.

Para evitar que tal aconteça, no caso de haver vários senhorios ou vários inquilinos, devem os mesmos combinar entre si as respectivas comunicações para que depois estas não sejam diferentes umas das outras, uma vez que, se tal acontecer, e para efeitos legais, é como se não existissem.

11. O que acontece se o inquilino não responder à carta do senhorio?
Optar por ignorar ou deixar passar o prazo de resposta à carta enviada pelo senhorio com a proposta de actualização do contrato de arrendamento e do novo valor da renda pode ter consequências graves. Isto porque a falta de resposta vale como aceitação da proposta do senhorio. Ou seja, passados os 30 dias que havia para o inquilino se pronunciar, as condições propostas consideram-se aceites.

Assim, por exemplo se o senhorio propôs uma nova renda de 1.000 euros e que o contrato de arrendamento passe a ser de prazo certo e por dois anos, o contrato transita para o Novo Regime do Arrendamento Urbano (NRAU), com todas as consequências que isso acarreta.

Ou seja, neste exemplo, o contrato passa a ter a duração de dois anos e a nova renda é devida 90 dias após a comunicação do senhorio, independentemente do valor estar ou não correcto dada a situação pessoal do inquilino que, como adiante se verá, poderia beneficiar de um período transitório caso provasse estar numa situação de carência económica.

De referir que o facto de, neste exemplo, o contrato passar a ser de dois anos, confere ao senhorio o direito de, findos os mesmos, terminar o contrato e o inquilino ser obrigado a desocupar o local.

Em conclusão, no exemplo acima referido e se o inquilino nada responder, a renda é actualizada para o valor indicado pelo senhorio e o contrato fica submetido ao NRAU a partir do primeiro dia do segundo mês seguinte ao do fim do prazo que o inquilino tinha para responder (ou seja, 90 dias a contar da comunicação do senhorio).

Os únicos casos em que a falta de resposta do inquilino poderá não vir a ter consequências mais gravosas são os que constam da resposta nº 37 e foram introduzidos com a alteração à Lei das Rendas em Fevereiro de 2019.
(Ver Quadros nºs 1 e 2)

12. Quais as respostas possíveis do inquilino?

Face à proposta inicial do proprietário, o inquilino tem as seguintes opções possíveis que a lei enumera:

1ª **Aceitação**: o inquilino pode, desde logo, aceitá-la, concordando com o novo prazo dado ao contrato – que, recorde-se, se nada for dito passará a ter a duração de cinco anos – e o valor da renda que é proposto. Se não aceitar formalmente, mas se também nada fizer, o efeito será o mesmo, como vimos na resposta anterior, ou seja, a renda é actualizada e o contrato fica submetido ao NRAU a partir do primeiro dia do segundo mês seguinte ao do fim do prazo que o inquilino tinha para responder (Ver Quadro nº 3).

2ª **Denúncia:** outra alternativa, será a opção pela denúncia do contrato: o inquilino não está de acordo com o proprietário, por isso decide abandonar o imóvel, pondo fim ao contrato e preparando-se para sair num prazo de 90 dias a contar da data da resposta ao senhorio – dois meses para a denúncia produzir efeitos, mais um mês para desocupar e entregar a casa ao respectivo proprietário. (Ver respostas nºs 13 e 14).

3ª **Contraproposta:** mantendo o interesse em permanecer na casa, mas não concordando com a proposta do proprietário, o inquilino deverá então apresentar uma contraproposta, dando seguimento ao processo. (Ver respostas nºs 15 a 18).

4ª **Se o inquilino reunir os requisitos das situações de excepção** previstas na lei, é nesta fase que deverá invocar:

a) carência económica e/ou;

b) idade igual ou acima de 65 anos ou deficiência com um grau de incapacidade igual ou superior a 60% ou;

c) que reside há mais de cinco anos no locado cônjuge, unido de facto ou parente seu no primeiro grau da linha recta que tenha idade igual ou acima de 65 anos ou deficiência com um grau de incapacidade igual ou superior a 60%, sendo o rendimento anual bruto corrigido (RABC) do agregado familiar correspondente à carência económica. (Ver respostas nºs 22 a 40).

5ª **Reclamar** de qualquer incorrecção na inscrição matricial do locado, junto do serviço de finanças competente. (Ver resposta nº 20)

De salientar que o inquilino deverá optar – neste prazo de 30 dias – por uma das referidas possíveis respostas, sob pena de já não poder vir mais tarde a alterar a sua resposta. Por exemplo, se estiver numa das situações de excepção deve indicá-la nesta primeira resposta, pois mais tarde já não o poderá fazer.
(Ver Quadro nº 1)

13. O inquilino pode denunciar o contrato?
Pode. Como vimos, essa é uma das reacções que a lei prevê face à proposta inicial de actualização apresentada pelo proprietário. O inquilino opta por sair, de sua livre vontade, pondo fim ao contrato de arrendamento e essa decisão tem de ser concretizada no prazo de 90 dias a contar do momento em que o senhorio recebeu a sua resposta a indicar a decisão de sair (dois meses para a denúncia produzir efeitos, mais um mês para desocupação e entrega da casa). Nesta circunstância não haverá lugar a qualquer actualização de renda, mantendo-se esta inalterada nos referidos 90 dias.
(Ver Quadros nºs 1 e 4)

14. Em caso de denúncia do inquilino há lugar a indemnização por obras realizadas no imóvel?
A lei prevê que, independentemente do que possa estar estipulado no contrato de arrendamento, o fim deste dá ao arrendatário o direito a uma compensação por obras que tenha realizado na casa, desde que tenham sido licitamente feitas e ainda que não tenham sido autorizadas pelo senhorio. Um exemplo de uma obra ilegal será o caso das tradicionais marquises, quase sempre feitas sem as necessárias aprovações das autarquias.

As obras que podem dar direito a indemnização são as chamadas benfeitorias, ou seja, as que melhoram a casa. Dividem-se, de acordo com a lei, em necessárias, úteis e voluptuárias. As primeiras incluem, por exemplo, a recuperação da canalização ou da instalação eléctrica, embora também possam derivar dos deveres gerais do inquilino de manter a casa e de a devolver como a encontrou.

As úteis são as que, podendo não ser completamente indispensáveis, aumentam o valor do imóvel, como a instalação de um aquecimento central, que não poderá depois ser removido e levado pelo inquilino quando abandonar a casa. Finalmente, as voluptuárias, são as que não são indispensáveis e nem aumentam o valor do imóvel, tendo sido realizadas, por exemplo, apenas por razões estéticas. As obras necessárias e as úteis podem dar direito a indemnização. Esta, porém, nem sempre terá de ser exactamente igual ao valor gasto, dependendo da data em que foram feitas as intervenções e do nível de desgaste que tenham tido entretanto. Isso faz com que, não existindo acordo entre proprietário e o inquilino, a questão do pagamento pelas benfeitorias tenha que ser decidida pela via judicial, onde serão apresentadas as provas pelo inquilino quanto às obras e valores e, em certos casos, é chamado um ou vários peritos para procederem à necessária avaliação.

15. O que acontece se o inquilino apresentar uma contraproposta?

Dando sequência ao processo iniciado com a carta do senhorio, o inquilino deverá responder cumprindo também os diversos formalismos. Além do prazo de 30 dias acima referido, a resposta deve ser enviada com aviso de recepção e conter os vários elementos impostos pela lei. Não concordando com o novo valor proposto pelo proprietário do imóvel, apresenta oposição ao mesmo e propõe uma nova renda que considere justa e adequada (se não indicar uma nova renda, considera-se que quer manter a renda actual).

(Ver Quadros nºs 1 e 5)

16. Em regra, qual é o limite máximo para o qual a renda antiga pode ser aumentada?

Perante a oposição do inquilino e apresentação de contraproposta (e sem que este invoque a situação de carência económica que a seguir explicaremos) o senhorio apenas poderá actualizar a renda para o limite máximo equivalente a um quinze avos (1/15) do valor patrimonial tributário do imóvel (VPT) calculado pelas Finanças e constante da caderneta predial actualizada, cuja cópia o proprietário terá enviado na sua carta. Tal só não acontecerá se o valor calculado desta forma for inferior ao que resultaria da actualização anual da renda através do coeficiente de actualização estipulado todos os anos pelo Instituto Nacional de Estatística (INE) até 30 de Outubro e que resulta da variação do índice de preços no consumidor, excluindo habitação, relativa aos últimos 12 meses.

Isto significa que, mesmo que a renda correspondente a 1/15 do valor patrimonial tributário do imóvel seja inferior ao valor que resulta da aplicação do coeficiente anual, a renda que o inquilino deverá pagar não será reduzida para esse valor e não sofrerá qualquer alteração.

17. O valor de um quinze avos refere-se à renda mensal ou anual?

Refere-se à renda anual, mas basta dividir por 12, tantos quantos os meses do ano, para se chegar ao valor mensal da renda. Para começar, é preciso saber qual é o valor patrimonial tributário (VPT) do imóvel expresso na respectiva caderneta predial. Vejamos um exemplo para uma casa com um VPT de 150 mil euros a renda anual máxima será de 10.000 euros (150.000:15=10.000), o que corresponderá a uma renda mensal de 833 euros.

18. Como é calculado o Valor Patrimonial Tributário do imóvel?

O Valor Patrimonial Tributário (VPT) do imóvel calcula-se a partir da fórmula prevista no Código do Imposto Municipal sobre Imóveis (CIMI). Depende de vários factores, mas os mais importantes são a área do prédio e a sua localização geográfica. O estado de conservação e outros pormenores que o valorizem são também tidos em conta, como é o caso de aquecimento central, piscina ou garagem. Igualmente relevante é a idade do imóvel, já que, quanto mais anos soma, menor será o valor patrimonial, por efeito do chamado coeficiente de vetustez.

Para saber se o imóvel já foi avaliado nos termos do CIMI, basta analisar a caderneta predial nos campos que, a título de exemplo, a seguir se demonstram:

Ano de inscrição na matriz: 1999 **Valor patrimonial actual (CIMI):** €92.760,00 **Determinado no ano:** 2013
Tipo de coeficiente de localização: Comércio **Coordenada X:** **Coordenada Y:** **Mod 1 do IMI nº:** **Entregue em:** **Ficha de avaliação nº:** **Avaliada em:**

Vt*	=	Vc	x	A	x	Ca	x	Cl	x	Cq	x	Cv
92.760,00	=	603,00	x	109,0000	x	1,20	x	3,00	x	0.980	x	0,40

Vt = valor patrimonial tributário, Vc = valor base dos prédios edificados, A = área bruta de construção mais a área excedente à área de implantação, Ca = coeficiente de afectação, Ci = coeficiente de localização, Cq = coeficiente de qualidade e conforto, Cv = coeficiente de vetustez, sendo A = (Aa + Ab) x Caj + Ac + Ad, em que a Aa representa a área bruta privativa, Ab representa as áreas brutas dependentes, Ac representa a área do terreno livre até ao limite de duas vezes a área de implantação, Ad. Tratando-se de terrenos para construção, A = área bruta de construção integrada de Ab.

* Valor arredondado, nos termos do nº2 do Art.º 38º do CIMI.

19. O inquilino pode impugnar a avaliação do imóvel feita pelas Finanças?

A regra sempre foi que não podia, mas o Governo decidiu mudar a lei e, no conjunto de alterações introduzidas à nova Lei das Rendas em 2014, essa intervenção passou a ser admitida. E em que situações pode ser importante? Como referimos, entre 2012 e 2013 foi realizada em todo o País uma avaliação geral de imóveis, que actualizou o valor de todos os prédios urbanos para efeitos fiscais de acordo com as regras do Código do IMI, que entrou em vigor em 2004. Isso faz com que os proprietários de casas com rendas antigas, que não eram actualizadas há muito tempo, não tenham de se preocupar com esse aspecto no momento de avançarem com um processo de revisão de rendas. No entanto, pode ter havido algum erro de avaliação susceptível de inflacionar o valor patrimonial tributário (VPT) – imagine-se que as Finanças consideraram que o imóvel tinha garagem, quando não tem, ou que tinha 120 metros quadrados quando afinal são só 100. Neste caso, tanto o proprietário como o inquilino poderão dirigir-se às Finanças para pedir uma nova avaliação ou uma correcção da matriz predial. A questão é relevante porque, como vimos, é o VPT que serve de base à fixação do tecto máximo para o aumento de renda segundo a nova lei, e pode ser do interesse do inquilino fazê-lo baixar. Daí que lhe tenha passado a ser possível reclamar de qualquer incorrecção que considere existir na inscrição matricial do

imóvel. Deverá fazê-lo, no prazo de 30 dias que tem para responder à carta inicial do proprietário.
(Ver Quadro nº 1)

20. A reclamação do inquilino ao valor fiscal do prédio suspende a actualização da renda?

Não suspende. O processo de actualização continua e todos os prazos e formalidades terão de ser cumpridos. Porém, se as Finanças derem razão ao inquilino e se entretanto a renda tiver já sido actualizada com base no valor patrimonial tributário (VPT) do imóvel, então haverá lugar a uma correcção. Ou seja, a renda será diminuída e o arrendatário poderá recuperar a diferença, com direito a retroactivos à data da actualização.

Vejamos um exemplo: o VPT inicialmente fixado pelo Fisco para o imóvel foi de 120.000 euros, o que, aplicando o limite de um quinze avos, daria uma renda mensal de 667 euros. O inquilino reclama e o VPT é reduzido para 110.000 euros. Nesse caso, a renda a aplicar também será reduzida, neste caso para os 611 euros, uma diferença mensal de 56 euros. Se a renda já tiver sido actualizada há quatro meses (porque as Finanças demoraram algum tempo a decidir), então o inquilino teria direito a reaver 224 euros.

A lei estipula também como deverá ter lugar essa devolução: os valores em causa serão deduzidos ao valor da renda, mas, em cada mês, o montante a deduzir não poderá ultrapassar metade da renda devida, a menos que inquilino e senhorio cheguem a acordo nesse sentido ou que, entretanto, o contrato cesse, caso em que o inquilino tem direito a reaver a totalidade.

Voltando ao nosso exemplo, como a diferença a reaver pelo inquilino (224 euros) era inferior a metade da renda devida (metade de 611 seriam 305,5 euros), poderia ser deduzida pela totalidade num único mês.

Refira-se ainda que esta possibilidade dada ao inquilino de reclamar do VPT se aplica também e com idênticas regras às rendas comerciais.

21. A actualização da renda tem em conta as obras realizadas pelo inquilino no imóvel?

De acordo com a nova lei, a actualização da renda não leva em linha de conta eventuais custos que o inquilino tenha tido ao longo da sua permanência no local arrendado. Essas despesas apenas poderão ser consideradas nos casos em que se verifique a denúncia do contrato por parte do inquilino, mas, mesmo assim, dentro de requisitos legais mais ou menos apertados, como vimos na resposta nº 14.

22. O que significa carência económica?

Quando receber a carta enviada pelo senhorio a comunicar a actualização da renda e a propor um novo valor, o inquilino poderá, se preencher os requisitos, alegar que o seu agregado familiar se encontra numa situação de carência económica. De acordo com a lei, isso verifica-se sempre que o seu rendimento anual bruto corrigido (RABC) seja inferior a cinco remunerações mínimas nacionais anuais.

Esta é uma faculdade dada pela lei aos inquilinos para se protegerem de aumentos muito elevados de rendas antigas reduzidas e poderá vigorar durante um período transitório de oito anos. Durante esse período temporal – que começa a contar na data da recepção, pelo senhorio, da resposta do inquilino – o contrato de arrendamento não poderá transitar para o Novo Regime do Arrendamento Urbano (NRAU), a menos que as partes cheguem a um acordo nesse sentido. Da mesma forma, também não poderá haver outra actualização da renda.

A situação de carência económica deve ser invocada logo na resposta ao proprietário, sob pena de o inquilino não poder, depois, fazê-lo numa posterior carta.

Um ponto a ter em atenção é que a carência económica só pode ser invocada se o inquilino tiver naquela casa a sua residência permanente ou se não residir lá devido a caso de força maior ou situação de doença. (Ver Quadros nºs 1 e 6)

23. O que são cinco RMNA?

A lei refere sempre como baliza para a carência económica um rendimento anual bruto corrigido (RABC) do agregado familiar do inquilino inferior a cinco remunerações mínimas nacionais anuais (RMNA). Como determinar qual é o valor mensal correspondente? Comecemos por calcular o valor anual do salário mínimo nacional – que no ano de 2019 é o equivalente a 600 euros –, multiplicando-o por 14 prestações (incluindo subsídios de férias e de Natal) Obtemos o valor de 8.400 euros que, multiplicado por cinco, ascende a 42.000 euros brutos. Para chegarmos ao valor mensal das cinco RMNA, este montante será depois dividido por 12, uma vez que, na prática, embora o inquilino receba 14 salários ou pensões, esses rendimentos são pagos em 12 meses. Assim, contas feitas e porque os valores mensais são mais facilmente perceptíveis, obteremos um resultado de 3.500 euros, que será o tecto máximo para que aquele inquilino possa invocar a carência económica do seu agregado familiar. É preciso ter em atenção que aqui estão já incluídos os subsídios de férias e de Natal e, sobretudo, que estamos sempre a falar de valores brutos, ou seja, antes de impostos e descontos para a Segurança Social. Além disso, o que depois vai contar é o RABC e para o determinar será preciso fazer deduções várias, como veremos de seguida.

24. O que é o RABC, como se calcula e quem calcula?

O rendimento anual bruto corrigido (RABC) do agregado terá de ser, como vimos, inferior a cinco remunerações mínimas nacionais anuais, para que o inquilino possa alegar a referida situação de carência económica. O cálculo será feito pelas Finanças e não pelo próprio arrendatário que, para atestar a sua situação financeira, terá de se dirigir presencialmente a um serviço e solicitar o respectivo comprovativo, para depois entregar ao senhorio.

Para chegar ao valor do RABC, as Finanças partem da informação que lhes é fornecida pelas declarações do IRS entregues no ano anterior pelas pessoas que constituem o núcleo familiar do inquilino, ou seja, o seu agregado familiar.

O primeiro passo é somar os vários rendimentos brutos anuais e assim se chega ao rendimento anual bruto. Depois, este é alvo de correcções. Para começar, deverão somar-se aos rendimentos do inquilino os de todas as pessoas que com ele vivam em comunhão de habitação há mais de um ano. Aqui se incluem, por exemplo, familiares ou outras pessoas que vivam lá em casa e ajudem a pagar as despesas.

E temos um novo total, ao qual se vai deduzir, por cada dependente, o equivalente a metade de uma remuneração mínima nacional anual, ou seja, 4.200 euros. Há ainda uma outra dedução a fazer, também de metade do salário mínimo, por cada pessoa do agregado que tenha deficiência igual ou superior a 60%. E feitas todas estas deduções, as Finanças chegam então ao valor do RABC do agregado familiar.

25. Como é composto o agregado familiar?

Fazem parte do agregado familiar os cônjuges, os dependentes, a pessoa com a qual o inquilino viva em união de facto há mais de dois anos e os respectivos dependentes e, também, os ascendentes do arrendatário e respectivo cônjuge ou pessoa em união de facto há mais de dois anos.

Consideram-se dependentes os filhos e os adoptados menores e outros menores sob tutela. Os que tiverem mais de 18 anos, mas menos de 25 anos também são considerados dependentes, desde que não tenham rendimentos anuais superiores à retribuição mínima mensal garantida (de 600 euros fixados a partir de Janeiro de 2019) e frequentem o 11º ou o 12º ano de escolaridade ou estejam a frequentar um curso médio ou superior. Independentemente da sua idade, são ainda considerados dependentes os filhos, adoptados ou que estejam sob tutela e que sejam inaptos para o trabalho, não auferindo, também aqui, rendimentos superiores à retribuição mínima mensal garantida.

Se houver ascendentes com rendimento mensal inferior ao salário mínimo nacional, serão igualmente incluídos na lista dos dependentes.

Terceiras pessoas que vivam lá em casa não fazem parte do agregado, mas os seus rendimentos, como vimos acima, são incluídos para se contabilizar o valor total do rendimento anual bruto corrigido (RABC), que depois será usado para aferir se o inquilino pode ou não invocar uma situação de carência económica. Todos os rendimentos – dos membros do agregado familiar e de quem com ele viva em comunhão de habitação – devem ser indicados às Finanças pelo inquilino quando for solicitar o comprovativo do RABC. Nesse momento, deverá também apresentar uma autorização das pessoas que integram o seu agregado – quando forem maiores de idade – e de terceiros que vivam em comunhão de habitação. Sem esta autorização, o Fisco não poderá ter em conta os respectivos rendimentos para fazer o cálculo do RABC. Em todo o caso, no documento final, a entregar ao senhorio, apenas constará um valor global do RABC, nunca podendo ser discriminados valores dos rendimentos das diferentes pessoas nem quaisquer outros dados protegidos pelo sigilo fiscal.

26. Quais os rendimentos que não são contabilizados no RABC?

Ficam de fora todos os rendimentos que não constem da declaração de IRS do inquilino e das pessoas que compõem o seu agregado familiar. Isso significa que rendimentos que não sejam englobados na declaração de IRS não são contabilizados. É o que acontece, por exemplo, com rendimentos de capitais – como depósitos bancários –, cujos valores são tributados a taxas autónomas de IRS. Por outro lado, se o inquilino tiver rendimentos tributados em IRC – porque, por exemplo, tem uma sociedade comercial ou profissional – esses valores também não serão tidos em conta no cômputo do rendimento anual bruto corrigido (RABC). E o mesmo acontecerá num e noutros casos, com os mesmos rendimentos auferidos por outras pessoas do agregado familiar.

27. Quais os valores máximos de actualização da renda face ao RABC do inquilino?

No caso do inquilino ter invocado a carência económica, o senhorio não poderá automaticamente actualizar a renda para o limite de 1/15 do valor patrimonial tributário (VPT), já que esta terá de ser calculada apenas em função do rendimento anual bruto corrigido (RABC) apresentado pelo inquilino. Assim, consoante o valor apresentado pelo respectivo agregado familiar, os arrendatários que invoquem esta situação de excepção têm cinco taxas de esforço diferentes:

1. Para rendimentos mensais até 500 euros, a renda não poderá ultrapassar 10% desse valor, ou seja, 50 euros.
2. Para rendimentos mensais entre os 500,01 euros e 750 euros, a renda não poderá ultrapassar 13% desse valor, ou seja, 97,50 euros.
3. Para rendimentos mensais entre 750,01 euros e 1.000 euros, a renda não poderá ultrapassar 15% desse valor, ou seja, 150 euros.
4. Se o agregado contabilizar rendimentos entre os 1.000,01 euros e os 1.500 euros, a taxa de esforço será de 17%, ou seja, a renda poderá chegar aos 255 euros.
5. Finalmente, o último escalão foi desenhado para agregados com valores mensais acima dos 1.500 euros e até ao montante de cinco remunerações mínimas nacionais anuais, ou seja, 3.500 euros – neste caso a taxa de esforço será de 25%, ou seja, poderá chegar aos 875 euros.

Em qualquer um destes escalões há ainda um tecto máximo, que corresponde a um quinze avos do valor patrimonial tributário do prédio, ou seja, mesmo que o RABC do inquilino o permita, a renda nunca poderá ser superior a 1/15 do VPT.

O valor que resulta da aplicação das taxas de esforço será o valor final da renda. Por outras palavras, este valor não soma à renda antiga que esteja a ser praticada. Por exemplo, no caso do inquilino pagar uma renda de 50 euros e ter um RABC de 1.500 euros, a renda poderá ser aumentada para 255 euros e não para 305 euros (255 mais 50).

Como vimos, a carência económica terá de ser invocada na primeira carta de resposta do arrendatário ao senhorio e deverá ser acompanhada do necessário comprovativo do RABC passado pelas Finanças ou, pelo menos, de documento em como tal comprovativo foi pedido, mas ainda não se encontra disponível.

No caso das Finanças não terem informação disponível para emitir o referido documento comprovativo do RABC (porque ainda não dispõem da liquidação de IRS referente ao ano anterior), o inquilino ficará obrigado a enviá-lo no prazo de 15 dias após a emissão do mesmo pelos serviços do Fisco.

Depois de receber o documento, o senhorio estará então em condições de determinar qual a renda nova que poderá aplicar. Comunica-a ao inquilino e a mesma passará a vigorar no primeiro dia do segundo mês seguinte ao da recepção por este da carta a indicar o novo valor e mantém-se inalterada durante o período de oito anos.

Refira-se também que, sendo activado este mecanismo de salvaguarda, o contrato de arrendamento só ficará submetido ao Novo Regime do Arrendamento Urbano (NRAU) se as partes assim o decidirem por acordo, ou, se não se entenderem, ao fim dos oito anos do período de transição. E estes oito anos começam a contar a partir da data da recepção, pelo proprietário, da carta do inquilino a invocar a situação de carência.

No fim dos referidos oito anos, o senhorio poderá promover a transição para o NRAU e na falta de acordo com o inquilino a renda passará a ser a correspondente a 1/15 do VPT e o contrato considera-se celebrado pelo prazo certo de cinco anos. Estes cinco anos, salienta-se, resultam também de uma alteração à lei introduzida em 2017 – até então previa-se apenas um período de dois anos.

Em conclusão, nos casos de carência económica, a renda é actualizada segundo a taxa de esforço aplicável ao RABC do arrendatário e o contrato apenas poderá terminar no fim de treze anos (oito mais cinco). (Ver Quadro nº 6)

28. E se o RABC do agregado familiar não permitir actualizar a renda?

Dependendo do valor da renda que esteja já a ser praticada, é possível que o rendimento do agregado familiar do inquilino não admita um aumento. Isso acontecerá se, feitas as contas da taxa de esforço aplicável ao seu RABC, o valor apurado não permita que a renda tenha um valor superior ao já em vigor.

Por exemplo, o inquilino está a pagar uma renda de 60 euros, mas segundo o RABC do seu agregado familiar a renda a pagar seria de 50 euros. Nesse caso, entra em acção o mecanismo de salvaguarda e, durante oito anos, a renda apenas poderá ser alterada através da aplicação do coeficiente anual de actualização, fixado pelo Instituto Nacional de

Estatística (INE) através de um aviso publicado anualmente em Diário da República até ao fim do mês de Outubro.

Caso o inquilino tenha mais de 65 anos ou um grau de deficiência igual ou superior a 60%, então a renda manter-se-á inalterada durante dez anos, o período de transição fixado para estas pessoas, como veremos mais à frente.

Em qualquer dos casos, os proprietários têm de avisar formalmente o inquilino, com uma antecedência mínima de 30 dias, através do envio de uma carta onde indicam o coeficiente de actualização a que o imóvel está sujeito e o novo valor de renda daí resultante. O montante final deverá ser arredondado para a unidade de cêntimo imediatamente superior.

29. Os inquilinos são obrigados a comprovar todos os anos o valor do RABC do seu agregado familiar?

Não são. Chegou a ser assim após a entrada em vigor da nova Lei das Rendas e quem não o fizesse todos os anos no mesmo mês em que pela primeira vez alegara ter dificuldades económicas arriscava-se a perder o direito à salvaguarda e a ter de passar a suportar a renda pela totalidade – calculada de acordo com o valor patrimonial tributário (VPT) do imóvel. Porém, essa regra foi mudada em 2014, quando o Governo procedeu a um conjunto de alterações à lei, as quais entraram em vigor em Janeiro de 2015.

A entrega anual do comprovativo só é obrigatória quando o senhorio a solicitar expressamente, o que deverá acontecer obrigatoriamente até ao dia 1 de Setembro de cada ano. Recebendo esse pedido, o arrendatário deverá dirigir-se ao serviço de Finanças e requerer a declaração do rendimento anual bruto corrigido (RABC) que depois enviará ao proprietário do imóvel, tendo até ao dia 30 de Setembro para o fazer. As formalidades são as mesmas que já vimos acima.

30. Quais os efeitos na renda caso o RABC do agregado familiar do inquilino tenha sofrido alterações?

A lei determina que o valor de renda estipulado quando é feita a actualização se manterá durante o período transitório dos oito anos (ou dez, tratando-se de inquilinos com 65 anos ou mais ou com deficiência igual ou superior a 60%). Isto significa que não poderá haver aumentos – não são aplicáveis, por exemplo, os aumentos determinados anualmente em função da inflação (com excepção dos casos indicados na resposta nº 28) –, mas também não haverá lugar a reduções. No entanto, o inquilino que invocou carência económica só está obrigado, como vimos, a fazer prova de que essa situação se mantém se o senhorio assim o solicitar. E se, obtida a declaração do RABC, se concluir que já não preenche os requisitos para beneficiar da salvaguarda legal que limita o valor da renda nos primeiros oito anos, então a renda será actualizada em conformidade, passando a ter como único limite o valor de um quinze avos do valor patrimonial tributário do imóvel.

Pelo contrário, se o inquilino tiver uma quebra de rendimentos, comprovada na sua declaração de RABC, isso não levará a qualquer descida de renda. Mesmo que em teoria até desça de escalão (se, por hipótese, antes tinha um RABC superior a 1.500 euros, que limitava o aumento da renda a 25% do respectivo valor, e passou a ter apenas 1.000 euros, o que o colocaria no escalão dos 17% – ver resposta nº 27), isso não se reflectirá na renda. Ou seja, o comprovativo de RABC só servirá para provar que o rendimento do agregado se mantém abaixo das cinco RMNA e que, por isso, continua a ter direito à salvaguarda legal.

31. O que acontece no fim dos oito anos (ou dez, tratando-se de inquilinos com 65 anos ou mais ou com deficiência igual ou superior a 60%) a quem invocou carência económica?

Passados oito anos (ou dez, tratando-se de inquilinos com 65 anos ou mais ou com deficiência igual ou superior a 60%), sobre o início do processo de actualização da renda, considera-se terminado o período transitório e deixam de ter aplicação as cláusulas de salvaguarda. Quem já uma vez invocou uma situação de carência económica não poderá, como referimos, voltar a valer-se dessa excepção. Nessa altura, o senhorio pode promover a transição do contrato para o novo regime de arrendamento urbano (NRAU), devendo, para isso, dar início a novo processo e voltando a respeitar as formalidades que já vimos anteriormente, começando com o envio de uma carta com uma proposta de renda, prazo e duração do contrato. Os inquilinos deverão, igualmente, cumprir as formalidades previstas na lei para as respostas possíveis e acima descritas.

Quanto à renda, que ao longo dos ditos oito ou dez anos anteriores ficou limitada aos rendimentos do inquilino, passará a ter como limite máximo 1/15 do valor patrimonial tributário (VPT).

Estão previstos, para essa altura, apoios sociais às famílias que não tenham recursos financeiros para pagar, nomeadamente, através de subsídio de renda, de habitação social ou de mercado social de arrendamento.

Nada sendo acordado ou não sendo possível chegar a acordo com o inquilino quanto ao prazo do contrato, este considerar-se-á celebrado com prazo certo por um período de cinco anos. Já não será assim nos casos em que os inquilinos com 65 anos ou mais ou com deficiência igual ou superior a 60%, já que para estes inquilinos o contrato nunca terminará, tal como referido na resposta nº 37.
(Ver Quadros nº 6 e 7)

32. Quais são as condições necessárias para os inquilinos terem direito ao subsídio de renda?

Os inquilinos que alegaram carência económica (ver resposta nº 22) têm direito ao subsídio de renda desde que se verifique alguma das seguintes circunstâncias:

1. Tenha decorrido o período transitório de oito anos (ou dez, tratando-se de inquilinos com 65 anos ou mais ou com deficiência igual ou superior a 60%), (ver resposta nº 31) e;
2. Tendo sido confrontados com uma proposta do senhorio para aumento de renda não tenham exercido os direitos de protecção a que tinham direito (ou seja, o direito do contrato não terminar e de a renda ser actualizada segundo o seu RABC) e, por isso, o contrato transitou para o NRAU – nestes casos, a renda poderá ter

sido atualizada até ao máximo de 1/15 do valor patrimonial tributário (VPT) do imóvel e, com a alteração à lei de 2019 o inquilino passou também a ter direito a subsídio nestes casos desde que tenha 65 anos ou mais, ou deficiência igual ou superior a 60% e viva na casa há mais de 15 anos (ver resposta nº 37);
3. Invoquem e comprovem um RABC do respectivo agregado familiar inferior a cinco RMNA, através de declaração emitida há menos de um ano pelo respectivo serviço de Finanças.

Ficam excluídos do subsídio de renda:
1. Os elementos do agregado familiar que não tenham concedido a autorização necessária para as Finanças acederem aos seus dados pessoais e, por isso, os respectivos rendimentos tenham ficado excluídos do cálculo do RABC (ver resposta nº 25);
2. Os inquilinos que não tiverem no local arrendado a sua residência permanente (com excepção dos que não residirem lá devido a caso de força maior ou situação de doença – ver resposta nº 34);
3. Os inquilinos que tenham subarrendado ou cedido o local arrendado a qualquer outro título oneroso, total ou parcialmente, ainda que tenham autorização do senhorio para o efeito;
4. Os inquilinos ou as pessoas do seu agregado familiar cujos rendimentos tenham sido considerados para efeitos de cálculo do RABC, que sejam proprietários, usufrutuários ou arrendatários de imóvel destinado a habitação, no mesmo concelho do local arrendado, em concelho limítrofe ou na mesma área metropolitana, desde que o imóvel seja adequado a satisfazer o fim habitacional do agregado familiar e não constitua residência permanente de terceiros com direitos legais ou contratuais sobre o mesmo;
5. Os inquilinos que aufiram de qualquer outro apoio para fins habitacionais.

33. Como se pede o subsídio de renda?

O subsídio de renda deverá ser pedido pelo arrendatário nos serviços de Segurança Social da área do local arrendado ou através da Internet, devendo juntar os documentos necessários para a avaliação do pedido.

O pedido poderá ser apresentado seis meses antes do termo do período transitório (ver resposta nº 31) ou após o decurso do mesmo.

Nos casos em que o contrato já transitou para o NRAU porque o inquilino com 65 anos ou mais, ou deficiência igual ou superior a 60% não exerceu os direitos de proteção que lhe assistiam, o subsídio pode ser pedido nos seis meses que antecedem a renovação do contrato.

Os serviços de segurança social deverão enviar o pedido do inquilino e os respectivos documentos ao Instituto da Habitação e da Reabilitação Urbana, I.P. (IHRU, I.P.), o qual decidirá no prazo de 15 dias e notificará o requerente e o senhorio da respectiva decisão.

34. Quais são as modalidades de subsídio de renda?

O subsídio de renda pode ter atribuído para:

1. Arrendamento em vigor; ou
2. Novo arrendamento.

O subsídio de renda para arrendamento em vigor constitui um apoio financeiro concedido através do pagamento de uma quantia mensal não reembolsável destinada a apoiar os inquilinos a manterem a sua residência permanente no local arrendado.

O montante do subsídio é igual à diferença entre o valor da nova renda e o valor da renda que foi fixado em função do RABC do agregado familiar do inquilino (ver resposta nº 27).

Nos casos em que o contrato já transitou para o NRAU porque o inquilino com 65 anos ou mais, ou deficiência igual ou superior a 60% não exerceu os direitos de proteção que lhe assistiam, o montante máximo do subsídio é o correspondente à diferença entre a nova renda e que existia antes da actualização.

Para efeitos de cálculo do RABC do agregado familiar do inquilino é considerado o valor relativo ao ano civil anterior ao pedido de subsídio de renda.

Se, na data de apresentação do pedido de subsídio de renda, não estiverem apurados os rendimentos para efeitos de cálculo do RABC do agregado familiar do inquilino, é considerado o valor do RABC relativo ao segundo ano civil que antecede o pedido de subsídio.

O subsídio é atribuído por um período de 24 meses, renovável por períodos iguais e sucessivos, desde que o inquilino faça prova de que se mantêm os pressupostos de atribuição do subsídio.

O montante do subsídio pode ser actualizado em função da alteração dos pressupostos da respectiva atribuição, nomeadamente nos casos em que o RABC do agregado familiar tenha sofrido uma variação igual ou superior a 5% ou nos casos em que a composição do agregado familiar se alterou.

O subsídio de renda para novo arrendamento constitui um apoio financeiro concedido através do pagamento de uma quantia mensal não reembolsável destinada a apoiar os inquilinos a mudarem a sua residência permanente para outra habitação adequada ao agregado familiar.

Esta opção de subsídio de renda obriga o inquilino a terminar o contrato de arrendamento anterior e a entregar o respectivo local ao senhorio, no prazo de 90 dias após o deferimento do pedido.

O local objecto do novo arrendamento deve corresponder à tipologia adequada à dimensão do agregado familiar conforme a tabela que consta da resposta nº 76.

O valor do subsídio para novo arrendamento não pode ser superior ao subsídio a que o inquilino teria direito se não tivesse terminado o contrato anterior.

35. O que acontece à renda se o subsídio for atribuído?

O inquilino é obrigado a comunicar ao senhorio, por carta registada com aviso de recepção, que apresentou o pedido de subsídio, com indicação da modalidade escolhida e enviando o comprovativo do respectivo pedido.

Tal como referido na resposta nº 31, findo o período transitório de cinco anos, a renda será actualizada para o valor máximo de 1/15 do valor patrimonial tributário (VPT).

No caso do inquilino comunicar ao senhorio que pediu o subsídio de renda, a referida actualização da renda ficará suspensa a partir do mês seguinte à comunicação do inquilino ou, quando a actualização ainda não for exigível, a partir da data em que for devida.

A renda só poderá ser actualizada quando o senhorio for notificado da decisão do IHRU, I.P.

36. Em que casos podem os inquilinos perder o subsídio de renda?

O subsídio de renda deixará de ser pago antes do fim do prazo pelo qual foi concedido nos casos em que:

1. Termine o contrato de arrendamento cuja renda é objecto de subsídio;
2. Ocorra o óbito do inquilino sem que lhe suceda pessoa com direito à manutenção do subsídio (a pessoa que tem direito à transmissão do arrendamento – ver Capítulo VII – poderá continuar a beneficiar do subsídio desde que cumpra as condições de atribuição do mesmo e comunique esse facto à segurança social no prazo de 60 dias após a morte do arrendatário);
3. Cessem os pressupostos da atribuição do subsídio, nomeadamente quando o RABC do agregado familiar do inquilino seja igual ou superior a cinco RMNA;
4. O inquilino não cumpra os prazos previstos na lei para as comunicações obrigatórias;
5. O beneficiário do subsídio não cumpra quaisquer obrigações relativas ao acesso ou à manutenção do subsídio, nomeadamente a entrega de quaisquer documentos legalmente exigíveis, solicitados pelos serviços de segurança social ou pelo IHRU, I.P., nos prazos que lhe forem concedidos;
6. O inquilino não cumpra o contrato subjacente à concessão do subsídio;

Nos casos previstos nos números 5. e 6. o inquilino ficará obrigado a restituir os montantes já recebidos.

As falsas declarações, omissões ou outros actos praticados pelo beneficiário do subsídio com intenção de o manter ilicitamente terão como consequência a cessação imediata do respectivo pagamento, a obrigação de restituição dos valores já recebidos e eventualmente responsabilidade criminal.

37. E quando o inquilino tem idade igual ou superior a 65 anos ou incapacidade igual ou superior a 60%?

Como vimos acima, estas são as outras duas excepções previstas na nova Lei das Rendas e, tal como a carência económica, devem ser invocadas no momento em que o arrendatário responde à carta inicial do proprietário. Assim, estabelece-se que, caso o inquilino comprove que tem 65 anos ou mais ou que é portador de uma deficiência com grau de incapacidade igual ou superior a 60%, o contrato só fica submetido ao Novo Regime do Arrendamento Urbano (NRAU) se as partes chegarem a acordo nesse sentido. Quer isto dizer que o contrato se mantém sem qualquer prazo e assim permanecerá mesmo depois de terminado o período transitório que, neste caso de pessoas com 65 anos ou mais ou com deficiência igual ou superior a 60% será de dez anos para os casos em que seja invocada a carência económica e de oito anos para os restantes. Esta é uma consequência das alterações à lei introduzidas em 2017, já que até então se aplicava um prazo único de cinco anos para o período transitório.

No período transitório nada obsta, no entanto, a que a renda seja actualizada para o limite máximo de 1/15 do valor patrimonial tributário (VPT) no caso de o inquilino não preencher os requisitos da carência económica.

Refira-se que, em relação ao grau de incapacidade, se verificou uma outra mudança, introduzida com as alterações à lei em 2014: na versão inicial apenas eram abrangidas as situações de incapacidade "superior a 60%", mas depois passaram a ser incluídos os casos de incapacidade "igual ou superior a 60%".

Com a alteração à Lei das Rendas feita em Fevereiro de 2019 passou a existir uma nova regra que protege ainda mais os inquilinos com 65 anos ou mais ou com deficiência igual ou superior a 60%, com carência económica e que residam na casa há mais de 15 anos. Para estes inquilinos e nos casos em que os direitos de protecção acima referidos – isto é, o direito do contrato não terminar e de a renda ser actualizada segundo o seu RABC – não foram por eles exercidos e, por isso, o contrato transitou para o NRAU, o senhorio só pode opor-se à renovação se pretender executar obras de remodelação e restauro profundos ou demolir o imóvel nas condições referidas nas respostas nºs 73 a 81.

Nestes casos e quando o contrato se renovar, o senhorio poderá actualizar a renda até ao máximo de 1/15 do valor patrimonial tributário (VPT). Terá, no entanto, de observar uma limitação: o aumento da renda não pode ultrapassar anualmente 20% do valor da diferença entre 1/15 do VPT e a renda que o inquilino estiver a pagar.

Caso a renda seja já igual ou superior ao referido limite de 1/15, então mantém-se inalterada, ou seja, não pode descer.
(Ver Quadro nº 7 e 8)

38. Quais os documentos que devem acompanhar a resposta do inquilino?

Como já referimos, o inquilino tem 30 dias para responder ao senhorio. Deve fazê-lo por carta registada e com aviso de recepção e juntar vários documentos. Desde logo, demonstrar documentalmente a idade que tem e, se for o caso, enviar um documento comprovativo da sua incapacidade emitido por Junta Médica constituída no âmbito das administrações regionais de saúde, por autoridades de saúde.

A incapacidade é calculada de acordo com a Tabela Nacional de Incapacidades por Acidentes de Trabalho e Doenças Profissionais, aprovada pelo Decreto-Lei nº 352/2007, de 23 de Outubro e do parecer da Junta Médica resultará a emissão de um atestado de incapacidade multiuso que comprova o grau de deficiência do inquilino.

Por outro lado, se o inquilino invocar a existência de carência económica, terá também de juntar um comprovativo do rendimento anual bruto corrigido (RABC) do agregado familiar passado pelas Finanças, sendo que os procedimentos são exactamente os mesmos que vimos acima.

39. E se o inquilino não tiver residência permanente na casa tem direito aos regimes de excepção?

As excepções referentes à idade e à incapacidade, tal como acontece com a situação de carência económica, apenas podem ser invocadas se o inquilino tiver no local arrendado a sua residência permanente ou se não residir lá devido a caso de força maior ou situação de doença. A lei admite também ausências não superiores a dois anos desde que devidas a deveres militares ou profissionais do arrendatário, do seu cônjuge ou de quem com ele viva em união de facto, ou ainda nos casos em que a ausência do local arrendado tem a ver com a prestação de apoios continuados a pessoas com deficiência com grau de incapacidade igual ou superior a 60%, incluindo a familiares.

40. O que acontece ao fim de dez anos aos arrendatários com 65 anos ou mais ou com deficiência e carência económica?

Como vimos anteriormente, quando o inquilino preenche os requisitos da carência económica, a renda actualizada permanecerá inalterada durante os oito anos do período transitório.

No entanto, no caso do inquilino ter 65 anos ou mais ou ser portador de incapacidade igual ou superior a 60% o período transitório será de dez anos. Passado esse tempo, o valor da renda poderá ser novamente actualizado por iniciativa do proprietário do imóvel, que deverá dar início a novo processo, com as formalidades e prazos que vimos atrás. Nessa altura, já não será possível ao inquilino invocar carência financeira, mas a lei estabelece que poderá ter direito a uma resposta social. Tal como acontece relativamente aos arrendatários que invocam carência financeira, também para os idosos e deficientes a resposta social será dada, nomeadamente, através de subsídio de renda (Ver respostas nºs 32 a 36), de habitação social ou de mercado social de arrendamento. De sublinhar, ainda, que o contrato se mantém inalterado e que só transita para o Novo Regime de Arrendamento Urbano (NRAU) por acordo entre as partes.

No fim dos cinco anos, nestes casos a renda poderá ser actualizada para o valor máximo de um quinze avos do valor patrimonial tributário (VPT), mas o contrato não poderá ser terminado pelo senhorio, atendendo à excepção relativa à idade e/ou incapacidade do inquilino.
(Ver Quadro nº 7)

Com a alteração à Lei das Rendas feita em Fevereiro de 2019 passou a existir uma nova regra que protege ainda mais os inquilinos com 65 anos ou mais ou com deficiência igual ou superior a 60%, com carência económica e que residam na casa há mais de 15 anos. Para estes inquilinos e nos casos em que os direitos de protecção acima referidos – isto é, o direito do contrato não terminar e da renda ser actualizada segundo o seu RABC – não foram por eles exercidos e, por isso, o contrato transitou para o NRAU, o senhorio só pode opor-se à renovação se pretender executar obras de remodelação e restauro profundos ou demolir o imóvel nas condições referidas nas respostas 73 a 81.

Nestes casos e quando o contrato se renovar, o senhorio poderá actualizar a renda até ao máximo de 1/15 do valor patrimonial tributário (VPT). Terá, no entanto, de observar uma limitação: o aumento da renda não pode ultrapassar anualmente 20% do valor da diferença entre 1/15 do VPT e a renda que o inquilino estiver a pagar.

Caso a renda seja já igual ou superior ao referido limite de 1/15, então mantém-se inalterada, ou seja, não pode descer.
(Ver Quadro nº 8)

41. Como deve o senhorio reagir perante uma contraproposta do inquilino?

Perante uma contraproposta apresentada pelo seu inquilino (resposta nº 12, 3ª hipótese), que não concordou com o valor da renda ou com o tipo de duração do contrato avançados pelo proprietário, este tem, como vimos antes, 30 dias, contados da recepção da resposta, para, por sua vez, se manifestar. Atenção que, também aqui, a falta de resposta ou a resposta fora do prazo equivale a uma aceitação, seja da renda proposta pelo arrendatário, seja do tipo e duração do contrato também sugerido por este. Isto é, se o senhorio não responder no prazo de 30 dias ou o fizer fora desse prazo, as condições apresentadas pelo inquilino (quanto à renda, tipo e duração do contrato) consideram-se aceites 90 dias após o envio da carta do inquilino.

Se o proprietário aceitar o valor da contraproposta, o contrato fica submetido ao Novo Regime do Arrendamento Urbano (NRAU) – com

o novo tipo e duração acordados pelas partes ou, nada sendo dito, pelo prazo certo de cinco anos – e a renda será actualizada para o montante que o inquilino propôs. O novo valor será devido a partir do primeiro dia do segundo mês seguinte ao da recepção pelo arrendatário da resposta do senhorio a aceitar o novo valor.
(Ver Quadro nº 5)

42. E se o senhorio e o inquilino não chegarem a acordo quanto ao valor da renda?

Caso o senhorio não aceite o valor proposto pelo inquilino (resposta nº 12, 3ª hipótese), mas a sua opção for, ainda assim, pela manutenção do contrato de arrendamento, então deverá actualizar a renda de acordo com as regras que já vimos e que estabelecem um tecto máximo ao aumento. O valor fixado será, então, o equivalente a um quinze avos do valor patrimonial tributário (VPT) do imóvel que conste da respectiva caderneta predial devidamente actualizada.

Apesar da imposição deste limite, o contrato de arrendamento transitará para o Novo Regime do Arrendamento Urbano, perdendo todas as características do regime vinculístico (anterior a 1990) e passando a aplicar-se-lhe todas as regras da lei actual. E desta actualização resulta que passará a contrato de prazo certo, com a duração de cinco anos, os quais começarão a contar-se a partir do momento da comunicação do senhorio ao inquilino.

43. O senhorio pode despejar a casa mediante o pagamento de uma indemnização?

Em alternativa à actualização para o valor máximo de 1/15 do valor patrimonial tributário (VPT), o proprietário pode decidir terminar o arrendamento. Ao denunciar o contrato, fica obrigado a pagar ao inquilino uma indemnização, cujo valor deverá ser o equivalente a cinco anos de renda resultante do valor médio das propostas formuladas até então pelo senhorio e pelo arrendatário. Vejamos um exemplo: na sua carta inicial, o proprietário propôs que uma renda, com o valor de 100 euros, passasse para 300 euros. Por seu turno, o inquilino respondeu a sugerir que o valor fosse de 200. O proprietário não concorda e comunica que quer denunciar o contrato. A indemnização calcula-se então da seguinte forma:300+200=500÷2=250x60=15.500 euros.

Se o inquilino tivesse contraproposto um valor muito mais baixo, ou mesmo próximo dos 100 euros da renda actual, acabaria por sair a perder depois no cálculo da indemnização. Por outro lado, apresentando uma contraproposta mais alta só para fazer subir o valor da indemnização, corre o risco de o proprietário achar razoável e aceitar.

Para evitar situações menos claras e proteger o inquilino na negociação, a lei agrava a indemnização a pagar pelo proprietário para o dobro ou em 50%, se a renda oferecida pelo arrendatário não for inferior à proposta pelo senhorio em mais de 10% ou de 20%, respectivamente.

Outro exemplo, se o senhorio propõe uma renda de 500 euros e o inquilino uma renda de 450 euros, a indemnização a pagar pelo senhorio será agravada para 57.000 euros.

Se o senhorio propõe uma renda de 500 euros e o inquilino uma renda de 400,00 euros, a indemnização passará a ser de 40.500,00 euros.

Na prática, a mensagem que se quer passar é que se a proposta do inquilino ficar próxima do senhorio e, mesmo assim, este a não aceitar, então terá se sofrer uma penalização, uma vez que, com valores tão próximos, estariam reunidas condições para um acordo.

Finalmente, feitas as contas à indemnização que terá de pagar, o senhorio deverá então avaliar se, ainda assim, não será mais vantajoso para si avançar com uma actualização da renda por um quinze avos do valor patrimonial tributário do imóvel, se este der um valor superior.

A indemnização deverá ser paga no momento em que a denúncia produz efeitos e o inquilino desocupa o local arrendado e entrega as chaves ao proprietário.

Para além desta indemnização, a lei prevê que, independentemente do que possa estar estipulado no contrato de arrendamento, o fim deste dá ao arrendatário o direito a uma compensação por obras que tenha realizado na casa, desde que tenham sido licitamente feitas e ainda que não tenham sido autorizadas pelo senhorio. De salientar que esta possibilidade do senhorio denunciar o contrato de arrendamento não se apli-

ca aos casos em que o inquilino invocou as excepções enunciadas nas respostas nºs 22 a 31 e 37.
(Ver Quadro nº 5)

44. Quando é que o inquilino tem de desocupar a casa?

A denúncia do contrato pelo senhorio produz efeitos no prazo de seis meses a contar da recepção pelo inquilino da carta do proprietário a comunicar a sua decisão. A partir daí, o arrendatário tem um mês para desocupar o imóvel e entregar a chave. Na prática, portanto, são sete meses no total.

Esta é a regra geral, mas há excepções previstas na lei para quem tenha a seu cargo filhos ou enteados menores de idade ou que, tendo mais de 18 anos, mas menos de 26 frequentem o 11º ou o 12º ano ou curso de ensino pós-secundário não superior ou, ainda, que estejam a frequentar o ensino superior. Para estes casos, a denúncia só produz efeitos no prazo de um ano, a partir do qual o arrendatário terá 30 dias para sair da casa. Ou seja, serão, no total, 13 meses.

Durante este período – sete ou treze meses, consoante a composição do agregado familiar – a renda poderá ainda ser alterada: a lei estipula que seja aplicada ou a renda antiga ou a renda proposta pelo arrendatário, consoante a que seja mais elevada. E este será mais um elemento a ter em conta pelas partes enquanto estejam a decorrer as negociações.

45. Como são actualizados os arrendamentos comerciais?

Como vimos no início deste livro, também os arrendamentos comerciais ficam abrangidos pelas novas regras de actualização de rendas antigas. Neste caso, estão em causa os contratos anteriores à entrada em vigor do Decreto-lei nº 257/95 de 30 de Setembro. Em termos formais, não há muitas diferenças em relação à forma como deve decorrer o processo de transição para o Novo Regime do Arrendamento Urbano (NRAU) das rendas para habitação. O processo é o mesmo e deverá também ser da iniciativa do proprietário do imóvel. Os prazos e demais formalidades são também idênticos, apenas com algumas adaptações, e há especificidades na resposta do inquilino ao senhorio, uma vez que também aqui está previsto um período transitório com excepções para arrendatários com determinadas características que a seguir enunciaremos.

46. O que deve o senhorio indicar na sua comunicação inicial de aumento de rendas?

Os formalismos são idênticos aos exigidos para o arrendamento habitacional (Ver resposta nº 6) e, tal como aí acontece, o proprietário deverá também incluir todo um conjunto de informação que o inquilino deverá ter na sua posse para poder responder adequadamente e nos termos da lei. Essa informação inclui obrigatoriamente o seguinte:

1. Que o inquilino tem 30 dias para responder;
2. Quais as possibilidades de resposta que a lei permite ao inquilino, ou seja, que este pode aceitar a renda proposta pelo senhorio; opor-se e propor outro valor; pronunciar-se quanto ao tipo e à duração do contrato propostos pelo senhorio; ou, finalmente, denunciar o contrato e entregar o imóvel.
3. Que, consoante a resposta que venha a dar o inquilino, se for o caso, poderá invocar também, no mesmo prazo, a existência de determinadas circunstâncias excepcionais, sendo estas as seguintes: que existe no locado um estabelecimento comercial aberto ao público que é uma microempresa; que ali funciona uma pessoa colectiva de direito privado sem fins lucrativos, regularmente constituída, que se dedica à actividade cultural, recreativa, de solidariedade social ou desportiva não profissional e declarada de interesse público ou de interesse nacional ou municipal, ou uma pessoa colectiva de direito privado que prossiga uma actividade declarada de interesse nacional; que existe no locado um estabelecimento ou uma entidade de interesse histórico e cultural ou social reconhecidos pelo município nos termos do respectivo regime jurídico.

4. Indicação de que terão de ser apresentados documentos comprovativos da ou das circunstância invocadas.
5. Referência às possíveis consequências para o arrendatário de uma eventual falta de resposta à carta do senhorio ou da não invocação, no prazo referido, das circunstâncias excepcionais supra indicadas.

Refira-se que a obrigação do proprietário de incluir estas informações na sua comunicação de aumento da renda não constava na versão inicial da nova Lei das Rendas. Foi incluída pelo Governo já em 2014, no âmbito de um conjunto de alterações então introduzidas.

47. As rendas dos arrendamentos comerciais podem subir para o valor que o senhorio quiser?

Não podem, à semelhança, aliás, do que acontece, como vimos, no arrendamento para habitação. Na prática, na ausência de acordo entre as partes, haverá sempre um tecto máximo, correspondente a um quinze avos do valor patrimonial tributário (VPT) do imóvel arrendado.

O processo será então o seguinte: face à proposta do senhorio (com um novo valor de renda, tipo e duração do contrato bem como a informação referida na resposta nº 46), onde constará obrigatoriamente a indicação do VPT do imóvel, o arrendatário tem duas opções: aceita o valor proposto (Ver resposta nº 12, 1ª hipótese) ou apresenta uma contraproposta (Ver resposta nº 12, 3ª hipótese). Esta, por sua vez, poderá ou não ser aceite pelo proprietário (Ver respostas nºs 41 a 44). Caso não aceite, pode avançar para a denúncia do contrato, pagando uma indemnização e com o processo a correr nos mesmos moldes que nos arrendamentos habitacionais, sendo que apenas não se lhe aplica, naturalmente, as regras sobre o momento em que a denúncia produz efeitos no caso em que o inquilino tem filhos menores ou estudantes a cargo.

Não concordando com a contraproposta do arrendatário, mas decidindo, ainda assim, pela manutenção do contrato, o proprietário actualizará então a renda de acordo com a regra de um quinze avos do VPT do

prédio e na falta de acordo o contrato considera-se celebrado pelo prazo certo de cinco anos, findos os quais o senhorio poderá terminá-lo.
(Ver Quadro nº 9)

48. Quais as excepções aos cinco anos no arrendamento não habitacional?

Os arrendamentos para fins não habitacionais têm também um regime especial, que tem a ver, já não com as características e situação financeira do agregado familiar do inquilino, mas sim com as características da empresa instalada no imóvel. As excepções deverão ser invocadas pelo arrendatário na sua resposta à carta inicial do senhorio e são as seguintes:

1. Existência, no locado, de um estabelecimento aberto ao público que é uma microempresa (ver resposta nº 49).
2. Funcionamento no imóvel de uma pessoa colectiva de direito privado, sem fins lucrativos, legalmente constituída e dedicada a actividades de natureza cultural, recreativa, de solidariedade social (o caso das instituições particulares de solidariedade social é uma novidade introduzida com as alterações aprovadas em 2014) ou desportiva (desde que não profissionais). A entidade em causa deverá ter declaração de interesse público ou de interesse nacional ou municipal.
3. Existência no imóvel de uma casa fruída por república de estudantes, aqui se incluindo todas as que forem "constituídas de harmonia com a praxe académica ou usos e costumes universitários" e que são consideradas "associações sem personalidade jurídica", devendo ser declaradas como tal pelos reitores das correspondentes universidades.
4. Existência, no locado, de um estabelecimento ou uma entidade de interesse histórico e cultural ou social reconhecidos pelo município nos termos do respectivo regime jurídico (ver resposta nº 49).

Na resposta ao senhorio, o arrendatário terá de juntar logo o documento comprovativo de que está abrangido por uma destas condições sob pena de, mais tarde, já não poder aproveitar-se da excepção.

Nestas quatro situações, o contrato só ficará submetido ao Novo Regime do Arrendamento Urbano (NRAU) se as partes chegarem a acordo nesse sentido ou, na ausência de tal entendimento, ao fim do período transitório de dez anos. Este conta-se, como já vimos para os contratos habitacionais, da recepção, pelo senhorio, da resposta do arrendatário.

Decorridos os dez anos do período transitório, o senhorio inicia novo processo e, na falta de acordo o contrato considera-se celebrado pelo prazo certo de cinco anos (esta é uma alteração introduzida à Nova Lei das Rendas em 2017, já que, na versão inicial, eram apenas dois anos e na alteração introduzida em 2014 era três anos).

Quanto à renda, aplica-se, também aqui, o critério de um quinze avos do valor patrimonial tributário (VPT) do imóvel, de acordo com a caderneta predial actualizada, a menos que o valor daí resultante seja inferior ao que resultaria da aplicação do coeficiente de actualização estipulado todos os anos pelo Instituto Nacional de Estatística (INE) até 30 de Outubro e que resulta da variação do índice de preços do consumidor, excluindo habitação, relativa aos últimos 12 meses. O mesmo acontece no período adicional de cinco anos a que o inquilino ainda terá direito a manter-se na casa, ainda que já com contrato de arrendamento a prazo certo, sendo que, nesses cinco anos o senhorio poderá já aplicar os coeficientes de actualização anual.
(Ver Quadro nº 10)

49. O que é uma microempresa e uma loja histórica e como se comprova?

Para efeitos da nova Lei das Rendas estabelecem-se taxativamente quais os critérios para que uma empresa possa ser considerada uma microempresa. Terá, assim, de cumprir, à data do balanço anual, dois de três limites:

1. Total do balanço de 2.000.000 euros;
2. Volume de negócios líquido de 2.000.000 euros;
3. Número médio de dez empregados durante o exercício.

E como provar que assim é? O inquilino poderá lançar mão de qualquer meio de prova legalmente admissível. No entanto, a lei avança com algumas hipóteses, sugerindo que a prova possa ser efectuada designadamente através de cópia do comprovativo da declaração anual da Informação Empresarial Simplificada (a chamada IES) ou cópia do comprovativo da declaração de rendimentos modelo 3 para efeito de IRS, acompanhada de cópia de rosto do Relatório Único respeitante à Informação sobre Emprego e Condições de Trabalho devidamente entregue. A lei chegou também a referir, como meio de prova uma declaração emitida pelo Instituto de Apoio às Pequenas e Médias Empresas e à Inovação (IAPMEI), mas entretanto essa referência foi revogada através de um diploma posterior. Refira-se, igualmente, que na versão inicial da nova Lei das Rendas, a excepção contemplava apenas as chamadas microentidades, com balanço ou volume de negócios líquido até 500 mil euros e até cinco empregados. Nas alterações à lei introduzidas em 2014 alargou-se a excepção às microempresas, pelo que passou a ser abrangido um número muito maior de entidades.

Com a alteração de 2017 à nova Lei das Rendas foi criado um regime jurídico que tem por objectivo a protecção das chamadas lojas históricas.

As entidades que podem ser protegidas pelo novo regime são:

a) "Lojas com História" – estabelecimentos comerciais com especial valor histórico;

b) "Comércio tradicional" – comércio local realizado em pequenos estabelecimentos (situados fora das grandes superfícies) especializado na venda de um produto ou na prestação de um serviço, com excepção de bancas e feiras;

c) "Estabelecimentos de interesse histórico e cultural ou social local" – lojas com história ou estabelecimentos de comércio tradicional, restauração ou bebidas, abertos ao público, que, pela sua actividade e património material ou imaterial, constituam uma referência viva na actividade económica, cultural ou social local;

d) "Entidades de interesse histórico e cultural ou social local" – entidades com ou sem fins lucrativos, nomeadamente colectividades de cultura, recreio e desporto ou associações culturais, que pela sua actividade e património material ou imaterial, constituam uma relevante referência cultural ou social local a nível local.

O reconhecimento das referidas entidades como estabelecimento e entidades de interesse histórico e cultural ou social local compete aos municípios segundo os critérios que constam da lei e após consulta pública pelo período de 20 dias. Em todos os casos a actividade do estabelecimento ou entidade deverá ter, pelo menos, 25 anos de existência.

A protecção deste tipo de lojas consiste no direito do respectivo contrato de arrendamento apenas terminar após o decurso de 15 anos (dez mais cinco) (Ver resposta nº 48) e o contrato não poder ser terminado pelo senhorio quando este pretende executar obras de remodelação e restauro profundos (Ver resposta nº 73).

Os proprietários de imóveis onde se encontrem instaladas estas lojas, poderão vir a ter benefícios ou isenções fiscais a conceder pelos municípios.

50. Quais as alterações para os contratos de arrendamento habitacional celebrados depois de 1990?

Tal como referimos na resposta nº 1, a nova Lei das Rendas também trouxe um novo regime para os contratos de duração indeterminada celebrados para habitação depois de 1990 e até 2006.

Durante o período de tempo que decorreu entre a entrada em vigor do Regime do Arrendamento Urbano (RAU), em 1990, e do Novo Regime do Arrendamento Urbano (NRAU), em 2006, podiam ser celebrados dois tipos de contrato de arrendamento: os contratos de duração limitada e os de duração indeterminada.

O regime da lei publicada em 2012 aplica-se aos contratos de arrendamento de duração indeterminada, ou seja, aqueles que se renovavam automaticamente, sem que o senhorio pudesse terminá-los.

Neste período de tempo não era muito comum as pessoas fazerem este tipo de contratos, porque nessa data já era possível celebrar contratos com prazo, mas ainda assim foram celebrados alguns.

Segundo a nova Lei das Rendas também estes contratos podem ser denunciados pelo senhorio, desde que seja dada ao inquilino uma antecedência de cinco anos (antes da alteração feita em 2019 era de dois anos). Com a antecedência máxima de 15 meses e mínima de 12 meses relativamente ao fim dos cinco anos, o senhorio fica obrigado a enviar uma nova carta para confirmar o fim do contrato.

Quanto à renda, a forma de actualização será aquela que as pessoas estipularam no contrato, não se aplicando nestes casos a actualização descrita nas respostas anteriores.

Quanto aos contratos de arrendamento de duração limitada (ou seja, aqueles que o senhorio pode terminar no fim do prazo) passou a existir uma nova regra – com a alteração à Lei das Rendas feita em Fevereiro de 2019 – que protege os inquilinos que residem nas casas há mais de 20 anos e tenham 65 anos ou mais ou com deficiência igual ou superior a 60%.

A nova regra proíbe o senhorio de terminar estes contratos quando o inquilino se encontra nas circunstâncias acima descritas, a não ser que o senhorio pretenda executar obras de remodelação e restauro profundos ou demolir o imóvel nas condições referidas nas respostas nº 73 a 81. Já a renda, poderá ser actualizada nos termos gerais, ou seja, mediante a aplicação do coeficiente de actualização estipulado todos os anos pelo Instituto Nacional de Estatística (INE).

51. Quais as excepções à denúncia do senhorio para os contratos de arrendamento habitacional de duração indeterminada celebrados depois de 1990?

O senhorio não pode denunciar os contratos de arrendamento de duração indeterminada celebrados para habitação (entre 1990 e 2006) quando o inquilino tiver idade igual ou superior a 65 anos ou deficiência com grau comprovado de incapacidade igual ou superior a 60%.

52. Quais as alterações para os contratos de arrendamento não habitacional de duração indeterminada celebrados depois de 1995?

Tal como referimos na resposta nº 1, a nova Lei das Rendas também trouxe um novo regime para os contratos de arrendamento celebrados para fim não habitacional depois de 1995 e até 2006.

Assim, estes contratos podem ser denunciados pelo senhorio, desde que seja dada ao inquilino uma antecedência de cinco anos (antes da alteração feita em 2019 era de dois anos). Com a antecedência máxima de 15 meses e mínima de 12 meses relativamente ao fim dos cinco anos, o senhorio fica obrigado a enviar uma nova carta para confirmar o fim do contrato.

Quanto à renda, a forma de actualização será aquela que as pessoas estipularam no contrato, não se aplicando nestes casos a actualização descrita nas respostas anteriores.

Capítulo II
Falta de pagamento da renda

53. Em que casos pode o senhorio terminar o contrato por falta de pagamento de renda?

No caso de o inquilino deixar de pagar a renda por três ou mais meses, constituindo-se dessa forma em mora, o proprietário tem o direito de resolver o contrato de arrendamento, ou seja, de o dar por terminado, devendo o arrendatário abandonar a casa. O mesmo acontecerá se, no mesmo período de três ou mais meses, se recusar a pagar encargos ou despesas que corram por sua conta (por exemplo, as despesas com as partes comuns – vulgarmente conhecidas por *condomínio*).

Além deste prazo mais apertado, com a nova Lei das Rendas (em 2012), foi ainda introduzida uma outra regra com vista a limitar ao máximo as situações de rendas em atraso e facilitar os despejos sempre que tal aconteça. Assim, são também fundamento para o senhorio pôr fim ao contrato aqueles casos em que o inquilino, num mesmo ano, se atrasa por mais de oito dias no pagamento da renda, desde que tal aconteça por mais de quatro vezes seguidas ou interpoladas. Em 2019 foi introduzida uma nova regra obrigatória para que o proprietário possa usar estes atrasos para terminar o contrato: o senhorio passa a ter a obrigação de comunicar ao inquilino, após o terceiro atraso, que é sua intenção pôr fim ao contrato com fundamento nos referidos atrasos.

Nos contratos em que existe fiador, e para que possa cobrar dele os valores em dívida, o senhorio passa a ter a obrigação de notificá-lo das quantias em dívida no prazo de 90 dias seguintes à mora do inquilino.

54. Quais as formalidades que o senhorio deve respeitar para terminar o contrato por falta de pagamento de renda?

Para desencadear a resolução do contrato, o senhorio deverá enviar ao inquilino uma comunicação fundamentando a sua decisão, ou seja, explicando que, nos termos da lei, o atraso verificado no pagamento lhe permite pôr um fim à relação contratual de arrendamento.

Nos casos em que as partes convencionaram o domicílio (ou seja, quando no contrato de arrendamento foram estipuladas as moradas para onde devem ser enviadas as comunicações) essa comunicação deverá ser feita por escrito, através do envio de uma carta registada e com aviso de recepção para a morada da casa arrendada.

Em alternativa, o proprietário poderá ainda solicitar a um representante legal – advogado, solicitador ou agente de execução – que efectue a comunicação ao inquilino, através de contacto pessoal. Nesta última hipótese, a comunicação deverá ser realizada pessoalmente e o representante legal deverá comprovar que tem procuração do proprietário e entregar ao arrendatário uma cópia da comunicação solicitando que o original seja devidamente assinado.

A resolução do senhorio pode, ainda, ser realizada por notificação avulsa, ou seja, através de requerimento apresentado no tribunal.

55. E se não for possível localizar o arrendatário?

Se o senhorio não conseguir localizar o inquilino para lhe comunicar que pretende a resolução do contrato e porquê, deverá, nos 30 a 60 dias passados sobre a data em que essa localização não foi possível, enviar uma carta registada com aviso de recepção para a morada da casa arrendada. Depois disso, considera-se que a comunicação foi recebida no 10º dia posterior ao envio, tenha ou não chegado à pessoa.

Caso a tentativa de comunicação tenha sido feita por um representante legal – advogado, solicitador ou agente de execução – e a notificação pessoal não tenha sido possível porque o inquilino se recusou a assinar o original e a receber a cópia, então o mesmo representante legal lavra nota do incidente e a comunicação considera-se feita no próprio dia.

56. Pode o inquilino obstar ao fim do contrato por falta de pagamento de renda?

A lei admite que, numa situação destas e perante a comunicação do proprietário, o inquilino possa fazer cessar a mora no prazo de um mês, ou seja, paga as rendas em atraso – ou os montantes relativos a encargos ou despesas que corram por sua conta, como vimos na resposta nº 53.

No entanto, o pagamento das quantias devem ser acrescido de uma indemnização igual a 20% (antes da alteração à lei feita em fevereiro de 2019, a indemnização era de 50%) do valor em dívida para que o contrato se mantenha em vigor.

Permite-se que assim seja para aqueles casos em que a pessoa esporadicamente se viu em dificuldades e, ainda assim, acaba por pagar, retomando depois a normalidade, com pagamentos mensais atempados. Contudo, esta faculdade apenas pode ser usada uma vez pelo arrendatário por referência a cada contrato, ou seja, se voltar a ter rendas em atraso e se o senhorio quiser resolver o contrato, já não haverá uma segunda oportunidade.

A possibilidade do inquilino fazer o pagamento das quantias em dívida (acrescidas de 20%) e manter o contrato, não se aplica nos casos em que o inquilino, num mesmo ano, se atrasa por mais de oito dias no pagamento da renda, desde que tal aconteça por mais de quatro vezes seguidas ou interpoladas.

57. Qual o prazo que o inquilino tem para desocupar o local?

A partir da data da resolução do contrato, o inquilino tem um mês para desocupar a casa e entregá-la ao proprietário com as reparações que haja a efectuar no imóvel. Este é o prazo que a lei prevê, mas, naturalmente, outro poderá ser acordado pelas partes.

58. O que pode o senhorio fazer no caso do inquilino não desocupar o local?

Caso o inquilino não cumpra o prazo estipulado para sair da casa, o proprietário deverá avançar com o despejo, nos termos do capítulo seguinte.

No entanto, só poderá fazê-lo desde que tenha cumprido as formalidades referidas na resposta nº 54.

Capítulo III
O despejo

59. O que é o PED e em que casos se aplica?

O PED é a abreviatura de "procedimento especial de despejo" e é um meio que o senhorio pode usar para obter o despejo quando o arrendatário não desocupe o local na data em que está obrigado a fazê-lo.

O PED pode ser usado, independentemente do fim do contrato (habitacional ou não habitacional) nas seguintes situações:

a) Quando senhorio e inquilino acordam por escrito terminar o contrato e o inquilino não desocupa o local na data acordada;

b) Quando o contrato tem um prazo, não renovável e o inquilino não desocupa o local no fim do mesmo;

c) Quando o contrato tem um prazo, o senhorio comunica ao inquilino que pretende que o mesmo termine em determinada data e o inquilino não desocupa o local na data comunicada pelo senhorio;

d) Quando o contrato não tem prazo, mas o senhorio tem o direito de o terminar (com a antecedência de cinco anos; por necessitar da casa para sua habitação; ou quando pretenda executar obras de remodelação ou restauro profundo) e o inquilino não desocupa o local na data comunicada pelo senhorio;

e) Quando, na sequência do processo de actualização das rendas e transição para o NRAU, o senhorio termina o contrato de arrendamento, pagando uma indemnização (ver resposta nº 43);

f) Quando o inquilino deixou de pagar a renda, o senhorio termina o contrato com esse fundamento e o inquilino não desocupa o local na data comunicada pelo senhorio;
g) Quando o senhorio é obrigado por autoridade pública a executar obras e o inquilino não aceita a execução das obras não desocupando o local na data comunicada pelo senhorio;
h) Quando o inquilino comunica ao senhorio que pretende terminar o contrato, mas não desocupa o local na data por ele indicada.

Quando existem outros fundamentos de despejo, como por exemplo quando o inquilino não reside na casa de habitação ou não usa o local para a finalidade que consta do contrato de arrendamento, o senhorio tem de recorrer, obrigatoriamente, aos Tribunais através de acção judicial, ou seja, o PED não é o meio próprio para desocupar o locado.

60. O que é o BNA e como se acede?

O BNA é a abreviatura de "Balcão Nacional do Arrendamento" e destina-se à tramitação do PED (procedimento especial de despejo). Trata-se de uma secretaria judicial virtual e tem competência para todo o território nacional. O acesso ao BNA é feito directamente pelo senhorio ou por advogado ou solicitador que o represente.

A tramitação do PED no BNA é feita electronicamente através de plataforma informática.

61. Quais os requisitos que o contrato de arrendamento deve obedecer para o senhorio poder aceder ao BNA?

Para poder aceder ao BNA e iniciar um PED o senhorio tem de ser possuidor de contrato de arrendamento escrito, com o imposto do selo liquidado junto do serviço de Finanças ou cujas rendas tenham sido declaradas para efeitos de IRS ou IRC nos últimos quatro anos.

Nos casos em que o contrato de arrendamento não tem o imposto do selo liquidado ou cujas rendas não tenham sido declaradas, o BNA pode recusar o início do PED e a desocupação do local tem de ser feita, obrigatoriamente, através de uma acção judicial.

62. Na falta de pagamento de renda o senhorio pode aceder directamente ao BNA?

A falta de pagamento de renda nos casos determinados na lei (ver resposta nº 53) constitui fundamento para o senhorio obter o despejo, podendo fazê-lo através de um PED junto do BNA. No entanto, não basta existir falta de pagamento de renda para o senhorio poder recorrer directamente ao BNA. O senhorio deve, obrigatoriamente, comunicar ao inquilino o fim do contrato através dos meios previstos na lei (ver resposta nº 54).

Assim, só após o cumprimento das formalidades legais é que o senhorio poderá aceder ao BNA.

63. Quanto custa aceder ao BNA?

Para aceder ao BNA, o senhorio tem de pagar uma taxa de justiça entre €25,50 e 51,00 consoante o valor do PED seja, respectivamente, igual ou inferior a €30.000,00 ou superior a esse valor.

O valor do PED corresponde ao valor da renda de dois anos e meio, acrescido do valor das rendas em dívida se for o caso.

Posteriormente, o senhorio terá de pagar os honorários da pessoa que irá executar o despejo, e que será de cerca €500,00 no caso de ser feito por agente de execução.

Ao agente de execução também são devidas as despesas (custos decorrentes da entrada no local, nomeadamente com arrombamento da porta e substituição da fechadura ou com o auxílio das autoridades policiais e despesas de deslocação) realizadas no âmbito do PED, desde que devidamente comprovadas.

Se o PED for distribuído para o Tribunal, às quantias acima referidas acrescerão os valores correspondentes a custas judiciais apuradas consoante a tramitação do processo.

Se o senhorio apresentar pedido de pagamento das rendas, encargos ou despesas é devido o pagamento de taxa de justiça correspondente a esse pedido e que varia entre €25,50 e €51,00 consoante o valor da quantia em dívida seja, respectivamente, igual ou inferior a €30.000,00 ou superior a esse valor.

Às quantias acima referidas acrescerão os honorários do agente de execução e as custas judiciais para as diligências da penhora de bens ou direitos do devedor, necessárias para a cobrança dos valores em dívida.

64. O senhorio pode cobrar as rendas no BNA?

No caso do PED se fundamentar na falta de pagamento de rendas, o senhorio pode também cobrar essas quantias, bem como os encargos ou despesas (por exemplo, as quantias relativas a despesas comuns do imóvel – vulgarmente designado por *condomínio*) da responsabilidade do inquilino.

Para que o senhorio possa cobrar os valores em falta tem de comunicar previamente ao inquilino, por carta registada com aviso de recepção, as quantias em dívida.

No PED, o senhorio não poderá cobrar do fiador as quantias em dívida, uma vez que este procedimento apenas pode ser usado contra o inquilino.

O PED foi criado para obter a desocupação do locado e por isso não pode ser apresentado apenas para obter o pagamento das quantias em dívida.

65. O que pode o inquilino fazer para se defender no PED?

Quando o senhorio inicia um PED, o BNA expede imediatamente notificação para o inquilino, por carta registada com aviso de recepção para este, em 15 dias, desocupar o locado, deduzir oposição ou requerer o deferimento da desocupação.

No caso do inquilino pretender contestar o despejo, deve deduzir oposição ao PED, sendo obrigatória a constituição de advogado.

Se não for apresentada oposição pelo inquilino, o BNA converte o PED em título de desocupação do locado, seguindo-se a fase do despejo do local.

Durante o PED o inquilino deve proceder ao pagamento das rendas que entretanto se foram vencendo, sob pena de ser ordenado imediatamente o despejo do local.

66. A defesa do inquilino tem custos?

O inquilino pode apresentar oposição ao PED, devendo para o efeito proceder ao pagamento de taxa de justiça de €306,00 (para PED com valor igual ou inferior a €30.000,00) ou €612,00 (para PED com valor superior a €30.000,00). Quanto ao valor do PED ver resposta nº 63.

Quando o fundamento do PED é a falta de pagamento de renda, o inquilino deve, também, pagar uma caução no valor das rendas, encargos ou despesas em dívida, até ao valor máximo correspondente a seis meses de renda.

O não pagamento destas quantias tem como consequência considerar-se a oposição como não apresentada, sendo o PED convertido em título de desocupação do locado, seguindo-se imediatamente a fase do despejo do local.

67. É necessário constituir advogado para aceder ao BNA?

O senhorio pode aceder ao BNA sem advogado, podendo fazer a entrega do PED:

- Através da plataforma informática do BNA e mediante assinatura electrónica do cartão de cidadão, juntando toda a documentação digitalizada e assinando electronicamente o requerimento;

- Mediante a entrega do requerimento em papel numa secretaria judicial, acompanhado de todos os documentos, devidamente preenchido e assinado, sendo posteriormente introduzido na plataforma do BNA pelos respectivos funcionários.

Após a apresentação pelo inquilino da oposição (a qual tem de ser acompanhada por advogado) o procedimento será distribuído para o Tribunal e o senhorio tem de constituir, obrigatoriamente, advogado para assegurar a tramitação do processo.

68. Quando intervém o juiz?

O juiz tem intervenção sempre que:

- O inquilino tenha apresentado oposição válida (ou seja, no prazo legal para o efeito, representado por advogado e tendo pago a taxa de justiça e a caução);
- Tenha sido suscitada alguma questão sujeita a decisão judicial;
- O inquilino requeira o diferimento da desocupação do local arrendado.

Quando o PED é distribuído para o Tribunal passa a ser tramitado como um processo com natureza urgente, ou seja, a decisão do mesmo tem prioridade face aos restantes processos e os prazos não se suspendem durante as férias judiciais.

A audiência de julgamento realiza-se no prazo de 20 dias a contar da distribuição do PED para o Tribunal. As provas são produzidas na audiência de julgamento e a sentença é logo proferida no dia do julgamento, segundo o que consta na lei.

69. Em que casos pode ser decidido o despejo?

O requerimento de despejo é convertido em título para desocupação, que é entregue ao senhorio e ao agente de execução, notário ou oficial de justiça designado, se o inquilino:

- Não deduzir oposição dentro do prazo legal (15 dias);
- Não juntar com a oposição o comprovativo do pagamento da taxa de justiça devida;
- Não juntar com a oposição comprovativo do pagamento de uma caução igual à quantia em dívida, no máximo de seis rendas (quando o contrato foi resolvido por falta de pagamento de renda);
- Não pagar as rendas vencidas na pendência do PED.

70. Como e quem executa o despejo?

Quando houver título de desocupação do local arrendado ou decisão judicial desfavorável ao inquilino, o profissional encarregue da desocupação deve deslocar-se de imediato ao locado e tomar posse do imóvel. No entanto, senhorio e inquilino podem chegar a acordo quanto ao prazo para desocupação e remoção de todos os móveis.

O despejo é executado por agente de execução, notário ou oficial de justiça, que podem solicitar directamente o auxílio das autoridades policiais quando seja necessário o arrombamento da porta para efectivar a posse do imóvel.

71. O inquilino pode suspender ou deferir o despejo?

O inquilino pode requerer a suspensão do despejo quando não lhe tenha sido dada a oportunidade de intervir no procedimento especial de despejo e for possuidor de documento com data anterior ao início do PED que lhe conceda o direito ao contrato de arrendamento.

O inquilino pode, também, requerer a suspensão do despejo quando, tratando-se de arrendamento para habitação, demonstre, por atestado médico que a diligência põe em risco de vida a pessoa que se encontra no local ou por razões de doença aguda, desde que indique fundamentadamente o prazo durante o qual se deve suspender o despejo.

O inquilino pode requerer ao juiz o diferimento da desocupação, por razões sociais imperiosas, devendo oferecer as provas disponíveis e indicar as testemunhas até ao limite de três, no caso de imóvel arrendado para habitação e dentro do prazo para a oposição ao procedimento especial de despejo. O diferimento não pode exceder o prazo de cinco meses a contar da data da decisão judicial.

72. O que são indícios de imóvel abandonado e quais as consequências?

Existem indícios de abandono de imóvel arrendado quando se verifiquem, pelo menos, duas das seguintes circunstâncias:

- Não existir fornecimento de água ou luz há mais de dois meses;
- A caixa postal se encontrar cheia;
- O imóvel se encontrar devoluto – facto a confirmar por pessoa residente na área do local e com conhecimento directo.

Neste caso, o profissional encarregue de fazer o despejo não fica obrigado a requerer a autorização judicial para entrada no domicílio e pode desde logo executar o despejo.

Capítulo IV
O novo regime de denúncia do contrato de arrendamento para a execução de obras

73. Quais as obras que possibilitam a denúncia do contrato pelo senhorio e qual o regime aplicável às lojas históricas?

A possibilidade de denúncia do contrato de arrendamento para execução de obras aplica-se apenas aos contratos de duração indeterminada.

Os contratos de duração indeterminada são:

- Aqueles que as partes não estipularam um prazo de duração do contrato;
- Todos os contratos de arrendamento para habitação celebrados antes do dia 15 de Novembro de 1990;
- Todos os contratos de arrendamento para fim não habitacional celebrados antes do dia 5 de Outubro de 1995.

Com a alteração feita à nova Lei das Rendas em 2019 passou a existir a possibilidade de denúncia para a execução de obras para os contratos de duração limitada (prazo certo) celebrados depois do dia 15 de Novembro de 1990 quando o inquilino:

- Resida na casa há mais de 20 anos;
- Tenha idade igual ou superior a 65 anos ou grau comprovado de deficiência igual ou superior a 60%.

As obras que conferem ao senhorio a possibilidade de denunciar o contrato de arrendamento são as obras de remodelação ou restauro profundos, sujeitas a controlo prévio da Câmara Municipal.

As obras de remodelação ou restauro profundos são as de:

a) Reconstrução – aquelas que impliquem a reconstituição da estrutura das fachadas ou;

b) Alteração – aquelas que impliquem a modificação das características do imóvel, designadamente quanto à sua estrutura, número de fogos ou divisões interiores, natureza e cor dos materiais de revestimento exterior, sem que das mesmas resulte aumento da área de total de construção, área de implantação ou altura da fachada ou;

c) Ampliação – aquelas que aumentem a área de implantação, área total de construção, a altura da fachada ou o volume do imóvel.

As obras referidas nas alíneas a) a c) só serão consideradas de remodelação ou restauro profundos de forma a possibilitarem a denúncia do contrato de arrendamento desde que:

I. Resultem num nível bom ou superior no estado de conservação do locado nos termos do número 3 do artigo 6º da Portaria nº 1192-B/2006 de 3 de Novembro e;

II. O custo da obra corresponda, incluindo o valor do IVA, pelo menos, a 25% do valor aplicável ao locado em função da sua localização e área bruta de construção, de acordo com o valor mediano das vendas por m2 de alojamentos familia, por concelho, divulgado pelo Instituto Nacional de Estatística, para o trimestre anterior e;

III. Quando após a execução das obras deixe de existir um local com características equivalentes às do local arrendado onde seja possível manter o arrendamento.

No caso de obras que não reúnam as condições referidas em I., II. e III, bem como no caso das obras de conservação, o senhorio não terá o direito de denúncia do contrato de arrendamento, podendo apenas suspendê-lo durante a execução das obras.

Tal como referido na resposta nº 49, em 2017 foi criado um regime de protecção às chamadas lojas históricas. Assim, se no locado existir uma loja histórica, o senhorio não poderá terminar o contrato pelo fundamento de execução de obras de remodelação ou restauro profundos. Isto é, neste caso, o contrato de arrendamento não poderá terminar por essa razão.

No caso do senhorio pretender executar obras desta natureza num imóvel onde esteja instalada uma loja histórica, o município poderá impor condicionantes quanto à execução das obras de forma a protegê-la.

74. A necessidade de obras tem que ser atestada por alguma entidade?

A necessidade de obras no local tem de ser atestada pela Câmara Municipal através de controlo prévio, ou seja, de licenciamento junto desta entidade.

O inquilino terá sempre o direito de consultar ou pedir certidões do processo respeitante ao controlo prévio relativo ao locado.

A denúncia do senhorio deve ser acompanhada de:

a) Comprovativo de que foi iniciado o procedimento de controlo prévio das obras a executar no imóvel;

b) Termo de responsabilidade do técnico autor do projecto que ateste que as obras a realizar reúnem os pressupostos legais de obras de remodelação ou restauro profundos e as razões pelas quais a execução das mesmas obriga à desocupação do locado;

c) Orçamento total das obras, incluindo estimativa do custo total das mesmas, caderneta predial (que terá de incluir a área bruta de construção correspondente ao local arrendado) e comprovativo de que tais documentos foram entregues na Câmara Municipal, no caso das obras serem as referidas nas alíneas *b*) e *c*) da resposta nº 73.

A denúncia só será eficaz e só assim o contrato de arrendamento poderá terminar, legalmente, quando o senhorio a confirme mediante o envio de:

I. Alvará de licença de obras ou título da comunicação prévia;

II. Documento emitido pela Câmara Municipal que ateste que as obras a executar são de alteração, ampliação ou reconstrução sujeita a controlo prévio, quando tal não resulte do documento referido na alínea anterior.

75. Como é feita a denúncia?

A denúncia é feita por carta registada com aviso de recepção e deve ser justificada pelo senhorio, devendo indicar qual o tipo de obras que pretende executar e qual o tipo de controlo prévio a que estão sujeitas, indicando também as razões pelas quais é necessária a desocupação do locado.

No caso do aviso de recepção ser assinado por pessoa diferente do inquilino ou da carta registada ser devolvida, o senhorio fica obrigado a enviar uma segunda carta, decorridos 30 a 60 dias após o envio da primeira carta.

Se a segunda carta vier devolvida, a comunicação do senhorio considera-se recebida no 10º dia posterior ao envio da segunda carta.

76. Quais os direitos do inquilino face à denúncia pelo senhorio?

Os direitos do inquilino dependem da data em que o contrato de arrendamento foi celebrado.

Para os contratos de arrendamento:

- Para habitação celebrados depois do dia 15 de Novembro de 1990;
- Para fim não habitacional celebrados depois do dia 5 de Outubro de 1995,

O senhorio ficará obrigado, mediante acordo e em alternativa:

a) Ao pagamento de uma indemnização correspondente a dois anos de renda, de valor não inferior a duas vezes o montante de 1/15 do VPT; ou

b) A garantir o realojamento do arrendatário por período não inferior a três anos.

Se o senhorio e o inquilino não chegarem a acordo no prazo de 60 dias a contar da recepção da comunicação do senhorio, o inquilino terá direito ao realojamento.

Com a alteração feita em 2019 à nova Lei das Rendas e no caso dos contratos de arrendamento para fim não habitacional, o inquilino e os trabalhadores do estabelecimento passaram a ter também direito a serem indemnizados pelos prejuízos que, comprovadamente, resultem do fim do contrato. O valor desta indemnização será deduzido à referida indemnização correspondente a dois anos de renda.

Este direito de indemnização não existe quando o arrendamento tiver sido objecto de trespasse nos três anos anteriores.

A lei prevê duas situações excepcionais para os contratos de arrendamento:

1ª Para habitação celebrados antes do dia 15 de Novembro de 1990.

Nestes casos, quando o arrendatário tiver idade igual ou superior a 65 anos ou deficiência com grau comprovado de incapacidade igual ou superior a 60 %, o senhorio ficará obrigado a garantir o realojamento do inquilino em condições análogas às que este já detinha.

2ª Para fins não habitacionais celebrados antes do dia 5 de Outubro de 1995.

Para além do direito a receber uma indemnização correspondente a dois anos de renda, de valor não inferior a duas vezes o montante de 1/15 do VPT, nestes casos, o inquilino terá direito a compensação pelas obras/benfeitorias licitamente feitas, independentemente do que possa estar estipulado no contrato de arrendamento e mesmo que o senhorio não as tenha autorizado.

Quanto aos vários tipos de benfeitorias, ver a resposta nº 14.

Também nestes casos, com a alteração feita em 2019 à Lei das Rendas, o inquilino e os trabalhadores do estabelecimento passaram a ter direito a serem indemnizados pelos prejuízos que, comprovadamente, resultem do fim do contrato. O valor desta indemnização será deduzido à referida indemnização correspondente a dois anos de renda.

Este direito de indemnização não existe quando o arrendamento tiver sido objecto de trespasse nos três anos anteriores.

77. Como se calcula o valor da indemnização?

O valor da indemnização a pagar pelo senhorio é a correspondente a dois anos de renda e a base do cálculo dependerá da data da celebração do contrato de arrendamento.

Para os contratos de arrendamento:

- Para habitação celebrados depois do dia 15 de Novembro de 1990;
- Para fim não habitacional celebrados depois do dia 5 de Outubro de 1995,

O valor de dois anos de renda é calculado com base no valor da renda que o inquilino paga na data da comunicação da denúncia do contrato de arrendamento e o VPT do imóvel.

Vejamos um exemplo: o VPT do imóvel é de 65 mil euros e a renda é de 150 euros.

O valor de 1/15 do VPT é de 4.333,33 euros, logo, duas vezes será 8.666,66 euros.

Dois anos de renda será 3.600,00 euros, ou seja, o valor é inferior a duas vezes 1/15 do VPT, logo prevalece o critério das duas vezes 1/15 do VPT e a indemnização pelo fim do contrato será de 8.666,66 euros.

Para os contratos de arrendamento:

- Para habitação celebrados antes do dia 15 de Novembro de 1990;
- Para fim não habitacional celebrados antes do dia 5 de Outubro de 1995,

O valor de dois anos de renda é calculado com base no valor da renda correspondente a 1/15 do valor patrimonial do local arrendado e o VPT do imóvel.

Vejamos o mesmo exemplo acima indicado, mas aplicado a contratos com estas datas de celebração.

O VPT do imóvel é de 65 mil euros e a renda correspondente a 1/15 do VPT é de 361,11 euros.

O valor de 1/15 do VPT é de 4.333,33 euros, logo, duas vezes será 8.666,66 euros.

Dois anos de renda será 8.666,64 euros, ou seja – ainda que por dois cêntimos – o valor é inferior a duas vezes 1/15 do VPT, logo prevalece o critério das duas vezes 1/15 do VPT e a indemnização pelo fim do contrato será de 8.666,66 euros.

No caso dos contratos de arrendamento celebrados para habitação antes do dia 15 de Novembro de 1990 e se o arrendatário tiver idade igual ou superior a 65 anos ou deficiência com grau comprovado de incapacidade igual ou superior a 60%, não há lugar a pagamento de indemnização, ficando o senhorio obrigado a garantir o realojamento do inquilino em condições análogas às que este já detinha.

No caso dos contratos de arrendamento para fins não habitacionais poderá acrescer a indemnização por benfeitorias e a indemnização pelos prejuízos decorrentes do fim do contrato conforme referimos na resposta anterior.

78. Qual o prazo para desocupar a casa?

A comunicação do senhorio para denúncia do contrato de arrendamento deve ser feita com antecedência não inferior a seis meses sobre a data em que pretende a desocupação.

E, a denúncia deverá ser confirmada mediante o envio dos documentos referidos nos pontos I. e II. da resposta nº 74.

A desocupação do local deverá ser feita no fim dos referidos seis meses ou nos 60 dias subsequentes à confirmação da denúncia, se não tiverem decorridos os referidos seis meses, caso em que a desocupação deverá ocorrer até ao termo do último prazo.

O pagamento de 50% da indemnização é devido quando o senhorio envia os referidos documentos e, por isso, confirma a denúncia.

A restante parte da indemnização é paga na data da desocupação do local arrendado. No caso do senhorio não efectuar o pagamento da indemnização nas datas atrás referidas a denúncia não é eficaz e o inquilino não terá que entregar o local.

79. Qual a consequência para o senhorio se não executar as obras?

Após o envio da comunicação de denúncia do contrato e a desocupação do local arrendado que deve ocorrer seis meses depois, o senhorio fica obrigado a iniciar as obras de remodelação ou restauro profundos no prazo de seis meses após a entrega. Se o senhorio não iniciar as obras dentro deste período terá de pagar ao inquilino uma indemnização correspondente a 10 anos de renda, salvo se o não cumprimento do referido prazo de seis meses tiver sido justificado por motivo que não lhe seja imputável.

O valor da indemnização a pagar pelo senhorio correspondente a dez anos é calculado consoante a data da celebração do contrato de arrendamento.

Para os contratos de arrendamento:

- Para habitação celebrados depois do dia 15 de Novembro de 1990;
- Para fim não habitacional celebrados depois do dia 5 de Outubro de 1995,

O valor de um ano de renda é calculado com base no valor da renda que o inquilino paga na data da comunicação da denúncia do contrato de arrendamento.

Para os contratos de arrendamento:

- Para habitação celebrados antes do dia 15 de Novembro de 1990;
- Para fim não habitacional celebrados antes do dia 5 de Outubro de 1995,

O valor de um ano de renda é calculado com base no valor da renda correspondente a um quinze avos do valor patrimonial do local arrendado.

80. Quando é que o senhorio é obrigado a realojar o inquilino?

Quando o senhorio denuncia o contrato de arrendamento para executar obras de remodelação ou restauro profundos e na falta de acordo com o inquilino no prazo de 60 dias, há lugar ao realojamento do arrendatário por período não inferior a três anos.

No caso dos contratos de arrendamento para habitação celebrados antes da entrada em vigor do RAU (15 de Novembro de 1900), aprovado pelo Decreto-Lei nº 321-B/90, de 15 de Outubro e quando o arrendatário:

- Tiver idade igual ou superior a 65 anos; ou
- Deficiência com grau comprovado de incapacidade igual ou superior a 60%,

O senhorio ficará obrigado a garantir o realojamento do inquilino em condições análogas às que este já detinha.

A obrigação do senhorio quanto ao realojamento só se verifica quando o inquilino tem no locado a sua residência permanente ou quando a falta de residência permanente for devida a caso de força maior ou doença.

81. Quais as condições de realojamento quando é obrigatório?

O realojamento do inquilino é feito em condições análogas às que aquele já detinha, quer quanto ao local, quer quanto ao valor da renda e encargos. Quanto ao local o realojamento deve ser feito na área da mesma freguesia ou de freguesia limítrofe e em local em estado de conservação igual ou superior ao local anteriormente arrendado.

O imóvel para realojamento do inquilino deve ser adequado às necessidades do respectivo agregado familiar e considera-se que esse requisito está preenchido quando o local se situa entre o mínimo e o máximo do seguinte quadro:

Composição do agregado familiar (número de pessoas)	Tipos de fogo [1]	
	Mínimo	Máximo
1	T 0	T 1/2
2	T 1/2	T 2/4
3	T 2/3	T 3/6
4	T 2/4	T 3/6
5	T 3/5	T 4/8
6	T 3/6	T 4/8
7	T 4/7	T 5/9
8	T 4/8	T 5/9
9 ou mais	T 5/9	T 6

(1) O tipo de cada fogo é definido pelo número de quartos de dormir e pela sua capacidade de alojamento (exemplo: T 2/3 — dois quartos, três pessoas).

O realojamento do inquilino implica a celebração de um novo contrato de arrendamento nas seguintes condições:

- No caso dos contratos de arrendamento para habitação celebrados antes da entrada em vigor do RAU (15 de Novembro de 1900), aprovado pelo Decreto-Lei nº 321-B/90, de 15 de Outubro e quando o arrendatário tiver idade igual ou superior a 65 anos; ou deficiência com grau comprovado de incapacidade igual ou superior a 60% – o contrato de arrendamento será de duração indeterminada, sem que o senhorio o possa denunciar e a renda máxima será a correspondente a 1/15 do valor patrimonial do imóvel. No caso do inquilino alegar e provar que o rendimento anual bruto corrigido (RABC) do seu agregado familiar é inferior a cinco retribuições mínimas nacionais anuais (RMNA) a renda será calculada com base no valor do RABC. (ver resposta nº 27)
- Nos restantes casos o contrato de arrendamento será celebrado pelo prazo certo de três anos e a renda será a mesma que o inquilino pagava antes do contrato ser denunciado.

Se o arrendatário não aceitar a proposta de realojamento ou se, tratando-se de arrendamento não habitacional, este não for possível, então haverá lugar ao pagamento de uma indemnização de valor mínimo correspondente a dois anos de renda e nunca inferior a duas vezes o montante do valor patrimonial tributário atribuído ao imóvel.

Capítulo V
O contrato de arrendamento

82. Qual a forma adequada para celebrar o contrato de arrendamento?

Após a entrada em vigor do NRAU, ou seja, a partir do dia 12 de Novembro de 2012, o contrato de arrendamento deve ser celebrado por escrito, independentemente do tipo de contrato que esteja em causa.

Com a alteração feita em 2019 à nova Lei das Rendas, na falta de contrato escrito e quando essa falta não seja imputável ao inquilino, este pode provar a existência de contrato por qualquer forma desde que demonstre que se encontra no local arrendado sem oposição do senhorio e pagando a renda por um período de seis meses.

No entanto, uma vez que relativamente à forma há que respeitar a lei que se encontrava em vigor na data da celebração do contrato, para saber se o mesmo é válido, há que ter em consideração o que previa a lei em vigor na data em que foi celebrado.

Ao longo dos anos, a exigência de forma não foi sempre a mesma, variando entre a celebração obrigatória por escrito quando o contrato era de duração superior a seis meses ou a celebração obrigatória por escritura pública.

83. Quais os documentos necessários para a celebração do contrato?

Para a celebração de um contrato de arrendamento são necessários vários documentos quer quanto às pessoas que o celebram, quer quanto ao local a arrendar.

Relativamente ao senhorio é necessário documento que comprove a sua qualidade de proprietário do imóvel, comproprietário, usufrutuário ou cabeça de casal (caso o imóvel esteja integrado numa herança indivisa).

As qualidades de proprietário, comproprietário, usufrutuário podem ser comprovadas com a certidão da Conservatória do Registo Predial ou escritura pública de compra e venda ou de constituição do usufruto.

De salientar que no caso de existir mais do que um proprietário (compropriedade) todos os proprietários devem dar a sua concordância ao contrato de arrendamento, seja através da assinatura do contrato ou de outra forma escrita.

A qualidade de cabeça de casal pode ser comprovada por escritura pública de Habilitação de Herdeiros ou por documento equivalente.

Relativamente ao inquilino, há que fazer constar no contrato a identificação do seu cônjuge, no caso de ser casado.

Se o inquilino for uma sociedade é necessário comprovar, através de certidão da Conservatória do Registo Comercial, qual a pessoa que tem poderes para assinar o contrato de arrendamento.

Quanto ao local a arrendar é necessária cópia da licença de utilização que ateste o fim a que o contrato de destina. No caso do local a arrendar ser de construção anterior a 1951, não é necessária a licença de utilização, mas há que anexar ao contrato documento autêntico que demonstre a data de construção. Ainda relativamente ao local a arrendar é necessária a existência de certificado energético.

84. Quais os tipos de contrato de arrendamento que podem ser celebrados?

Existem dois tipos de contratos de arrendamento que podem ser celebrados: o contrato com prazo certo e o contrato de duração indeterminada. Seja qual for o fim do contrato, isto é, seja habitacional ou não habitacional, senhorio e inquilino podem acordar no tipo de contrato de arrendamento que melhor se ajustar ao caso concreto.

85. Quais os prazos que as partes podem estipular no contrato?

Quando senhorio e inquilino decidem celebrar um contrato de arrendamento com prazo certo o prazo mínimo é de um ano e o limite máximo de duração é de 30 anos.

Com a publicação da nova Lei das Rendas (em 2006) o prazo mínimo passou a ser de cinco anos, mas esse limite foi abolido com a alteração de 2012. Em 2019 voltou a ser imposto um prazo mínimo, mas desta vez de um ano.

Quanto ao contrato de arrendamento não habitacional, senhorio e inquilino já tinham a liberdade de celebrar o contrato pelo prazo que entendessem desde o NRAU, criado pela Lei nº 6/2006 de 27 de Fevereiro.

86. Até que dia pode a renda ser paga e como pode ser actualizada pelo senhorio?

A renda deve ser paga no dia 1 de cada mês, podendo ser paga até ao dia 8. Se este for um dia não útil, ou seja, fim de semana ou feriado, a renda pode ser paga até ao dia útil seguinte. Por isso, o dia 8 pode não ser o último dia em que o inquilino pode pagar a renda.

O pagamento da renda após o 8º dia útil do mês, confere ao senhorio o direito de exigir o pagamento de 20% do valor da renda em dívida (antes da alteração de 2019 a percentagem que o senhorio podia exigir era de 50%).

A renda pode ser actualizada nos termos em que for estipulado no contrato de arrendamento, havendo actualmente total liberdade para senhorio e inquilino acordarem na forma e data em que a renda pode ser actualizada. No caso de nada ser estipulado no contrato, a renda pode ser actualizada anualmente (ou seja, um ano após a celebração do contrato ou da última actualização da renda) mediante a aplicação do coeficiente publicado por aviso do Instituto Nacional de Estatística no Diário da República.

A renda resultante da aplicação do coeficiente anual é arredondada para a unidade cêntimo imediatamente superior.

87. Quais os prazos que o senhorio tem de respeitar para terminar o contrato?

Quando o contrato de arrendamento foi celebrado para fim não habitacional, a lei confere total liberdade às partes para estipularem os prazos que melhor se adequarem ao caso concreto. Assim, o senhorio pode terminar o contrato no prazo que foi estipulado inicialmente. Se senhorio e inquilino não estipularam o prazo para o senhorio terminar o contrato, aplica-se o regime previsto para os contratos de arrendamento para habitação.

Com a alteração feita em 2019 à nova Lei das Rendas nos cinco primeiros anos após o início do contrato, independentemente do prazo estipulado, o senhorio não pode opor-se à renovação.

Nos contratos de arrendamento para fim habitacional, o senhorio é obrigado a respeitar os prazos previstos na lei.

1) Quando o contrato de arrendamento foi celebrado por duração indeterminada, o senhorio pode terminar o contrato com a antecedência de cinco anos em relação à data em que pretende a entrega. Isto é, apesar de o contrato não ter qualquer prazo, o senhorio pode sempre terminar o contrato, com a referida antecedência. O senhorio fica obrigado a confirmar a denúncia do contrato através do envio de nova carta com a antecedência máxima de 15 meses e mínima de um ano em relação ao fim dos referidos cinco anos.

2) Se o contrato de arrendamento for celebrado por prazo certo, a antecedência a respeitar pelo senhorio depende do prazo do contrato ou da renovação em curso. Assim, as antecedências a respeitar pelo senhorio são as seguintes:

a) 240 dias, se o prazo de duração inicial do contrato ou da sua renovação for igual ou superior a seis anos;

b) 120 dias, se o prazo de duração inicial do contrato ou da sua renovação for igual ou superior a um ano e inferior a seis anos;

c) 60 dias, se o prazo de duração inicial do contrato ou da sua renovação for igual ou superior a seis meses e inferior a um ano;

d) Um terço do prazo de duração inicial do contrato ou da sua renovação, tratando-se de prazo inferior a seis meses.

As antecedências acima referidas reportam-se ao termo do prazo de duração inicial do contrato ou da sua renovação.

Se nada for estipulado pelas partes, o contrato renova-se automaticamente no seu termo, por períodos de igual duração ou de três anos, se esta for inferior. Nos contratos para habitação não permanente (por exemplo, motivos profissionais, educação, formação ou turísticos) a renovação não será automática.

Com a alteração feita em 2019 à nova Lei das Rendas a oposição à primeira renovação do contrato por parte do senhorio apenas produz efeitos decorridos três anos da data da celebração do mesmo, mantendo-se o contrato em vigor até essa data. Já não será assim se o senhorio necessitar do local arrendado para sua habitação ou dos seus descendentes em 1º grau.

88. Quais os prazos que o inquilino tem de respeitar para terminar o contrato?

Quando o contrato de arrendamento foi celebrado para fim não habitacional, a lei confere total liberdade às partes para estipularem os prazos que melhor se adequarem ao caso concreto. Assim, o inquilino pode terminar o contrato no prazo que nele foi estipulado.

Se senhorio e inquilino não estipularam o prazo para o inquilino terminar o contrato, este não pode denunciar o contrato com antecedência inferior a um ano.

Nos contratos de arrendamento para fim habitacional, o inquilino é obrigado a respeitar os prazos previstos na lei.

1) Quando o contrato de arrendamento foi celebrado por duração indeterminada, o inquilino só pode terminar o contrato após seis meses de duração efectiva do contrato e respeitando a antecedência mínima seguinte:

a) 120 dias antes da data em que pretende entregar o local, se, à data da comunicação, o contrato tiver um ano ou mais de duração efectiva;

b) 60 dias antes da data em que pretende entregar o local, se, à data da comunicação, o contrato tiver até um ano de duração efectiva.

A inobservância da referida antecedência não obsta à cessação do contrato, mas obriga ao pagamento das rendas correspondentes ao período de pré-aviso em falta.

Com a alteração feita em 2019 à nova Lei das Rendas o inquilino deixará de ficar obrigado ao pagamento das rendas correspondentes ao período de pré-aviso em falta, no caso de desemprego involuntário, incapacidade permanente para o trabalho ou morte do inquilino ou de pessoa que com ele viva em economia comum há mais de um ano.

2) Se o contrato de arrendamento for celebrado por prazo certo, a antecedência a respeitar pelo inquilino depende do prazo do contrato ou da renovação em curso. Assim, as antecedências a respeitar pelo inquilino são as seguintes:

a) 120 dias, se o prazo de duração inicial do contrato ou da sua renovação for igual ou superior a seis anos;
b) 90 dias, se o prazo de duração inicial do contrato ou da sua renovação for igual ou superior a um ano e inferior a seis anos;
c) 60 dias, e o prazo de duração inicial do contrato ou da sua renovação for igual ou superior a seis meses e inferior a um ano;
d) Um terço do prazo de duração inicial do contrato ou da sua renovação, tratando-se de prazo inferior a seis meses.

As antecedências acima referidas reportam-se ao termo do prazo de duração inicial do contrato ou da sua renovação.

No entanto, se o inquilino pretender terminar o contrato sem atender ao prazo do contrato ou à renovação em curso, só pode terminá-lo após o decurso de um terço do prazo inicial do contrato ou da renovação e respeitando a seguinte antecedência mínima:

a) 120 dias antes da data em que pretende entregar o local, se o prazo do contrato for igual ou superior a um ano;
b) 60 dias antes da data em que pretende entregar o local, se o prazo do contrato for inferior a um ano.

A inobservância das antecedências acima referidas não obsta à cessação do contrato, mas obriga ao pagamento das rendas correspondentes ao período de pré-aviso em falta.

Com a alteração feita em 2019 à nova Lei das Rendas o inquilino deixará de ficar obrigado ao pagamento das rendas correspondentes ao período de pré-aviso em falta, no caso de desemprego involuntário, incapacidade permanente para o trabalho ou morte do inquilino ou de pessoa que com ele viva em economia comum há mais de um ano.

89. De quem é a responsabilidade de executar obras?

A responsabilidade pela execução de quaisquer obras pode ser acordada entre senhorio e inquilino e estipulada no contrato de arrendamento.

No caso de senhorio e inquilino não estipularem a responsabilidade pela execução das obras no contrato, as obras de conservação ordinária e extraordinária são da responsabilidade do senhorio e as obras de manutenção são da responsabilidade do inquilino.

90. De quem é a responsabilidade de pagamento dos encargos e despesas comuns?

O regime da responsabilidade pelo pagamento dos encargos e despesas pode ser, livremente, estipulado no contrato por senhorio e inquilino. No caso de nada ter sido estipulado no contrato, aplica-se o seguinte regime:

- Os encargos e despesas correntes respeitantes ao fornecimento de bens ou serviços relativos ao local arrendado (por exemplo água ou electricidade) são da responsabilidade do inquilino.
- Os encargos e despesas referentes à administração, conservação e fruição de partes comuns do edifício, bem como o pagamento de serviços de interesse comum, são da responsabilidade do senhorio (ex. despesas de *condomínio*).

Os encargos e despesas devem ser contratados em nome de quem for o responsável pelo seu pagamento. Sendo o arrendatário responsável por um encargo ou despesa contratado em nome do senhorio, este apresenta, no prazo de um mês, o comprovativo do pagamento feito. Após a apresentação do referido comprovativo, o inquilino deve fazer o respectivo pagamento no final do mês seguinte ao da comunicação pelo senhorio, devendo o pagamento ser feito simultaneamente com a renda subsequente.

Senhorio e inquilino podem acordar no pagamento de uma quantia fixa mensal a pagar por conta dos encargos e despesas, sendo os acertos feitos semestralmente.

Capítulo VI
Direito de preferência do inquilino

91. Quais os casos em que o inquilino tem direito de preferência?

O inquilino tem direito de preferência:

a) Na compra e venda ou dação em cumprimento do local arrendado, desde que tenha a qualidade de inquilino há mais de dois anos;

b) Na celebração de novo contrato de arrendamento, em caso de caducidade do seu contrato por ter terminado o direito ou terem findado os poderes legais de administração com base nos quais o contrato fora celebrado;

c) Na celebração de novo contrato de arrendamento quando o contrato terminou porque o senhorio pretende executar obras de remodelação ou restauro profundos ou demolir o imóvel (Ver resposta nº 73).

d) Nas transmissões onerosas de imóveis ou de partes de imóveis nos quais se encontre instalada uma loja histórica (Ver resposta nº 49).

Relativamente à alínea b) acima referida, há que ter em conta que o contrato de arrendamento caduca por ter terminado o direito no caso de morte do usufrutuário do local arrendado, e apenas nos casos em que o contrato foi por este celebrado.

O contrato de arrendamento caduca igualmente quando terminam os poderes legais de administração com base nos quais o contrato foi celebrado ou quando o contrato foi celebrado pelo cabeça de casal (sem a intervenção de todos os herdeiros) e essas funções terminam. A caducidade do contrato também pode verificar-se quando o imóvel é da propriedade de menor e tendo sido arrendado por quem exerce o poder paternal, o menor atinge a maioridade.

No caso do inquilino ter direito de preferência nos termos da alínea *c*), esse direito mantém-se durante dois anos após o fim do contrato.

A partir do mês de Outubro de 2018, na sequência da entrada em vigor de uma nova lei, o direito de preferência dos inquilinos com contratos de arrendamento para habitação foi alterado em dois casos:

1) Quando o imóvel onde reside não está em propriedade horizontal.
   No caso em que o imóvel sobre o qual incide um contrato de arrendamento para habitação não está em propriedade horizontal a lei não era clara sobre se o inquilino tinha ou não direito de preferência quando o senhorio pretendia vender.
   Depois da lei ter sido alterada passou a ficar claro que o inquilino habitacional tem direito de preferência nestes casos e nos seguintes termos:
   - terá direito a comprar a quota-parte do imóvel correspondente à permilagem que a sua casa representa no imóvel todo;
   - terá direito de uso exclusivo sobre a quota-parte que irá comprar.

   Se o imóvel tiver vários arrendatários, estes poderão comprar a totalidade do mesmo em conjunto e na proporção das respectivas quota-partes.
2) Quando o proprietário do imóvel decide vender a casa onde o inquilino reside em conjunto com outros imóveis.
   No caso em que o senhorio pretende vender a casa onde o inquilino reside e vai fazê-lo em conjunto com outros imóveis (do mesmo prédio ou de outros prédios) o inquilino terá direito de preferência na compra da casa que habita e se ocorrerem as circunstâncias que se indicam na resposta seguinte.

92. Quais as formalidades que o senhorio deve respeitar para oferecer o direito de preferência ao inquilino?

Quando o inquilino tem direito de preferência na compra e venda ou dação em cumprimento do local arrendado, o senhorio deve enviar carta registada com aviso de recepção comunicando as cláusulas do respectivo contrato (nome do comprador, preço e condições de pagamento, data da celebração do contrato e quaisquer outras cláusulas).

No caso das vendas referidas nos números 1) e 2) da resposta anterior a carta do senhorio deve conter mais informações:

1) Quando o imóvel não está em propriedade horizontal, o senhorio deve comunicar:
   - O valor da quota-parte que o inquilino terá direito a adquirir;
   - A permilagem da referida quota-parte;
   - O valor total da venda.
2) Quando o proprietário do imóvel decide vender a casa onde o inquilino reside em conjunto com outros imóveis, o senhorio deve comunicar:
   - O preço de venda da casa onde reside o inquilino;
   - O preço de venda dos restantes imóveis;
   - Se a venda da casa do inquilino não puder ser feita separadamente, o senhorio terá de indicar qual o prejuízo – que terá de ser considerável – que virá a sofrer se a venda for feita em separado dos restantes imóveis.

Quando o inquilino tiver direito de preferência na celebração de novo contrato de arrendamento, o senhorio deve enviar carta registada com aviso de recepção comunicando as cláusulas do respectivo contrato (tipo de contrato, prazo, valor da renda e quaisquer outras cláusulas).

Se o inquilino tiver direito de preferência nos termos da alínea *c*) da resposta anterior, o prazo para exercer o seu direito é de 15 dias, e nos restantes casos é de 30 dias.

No caso do senhorio não respeitar o direito de preferência do inquilino este poderá recorrer ao tribunal através de uma acção de preferência para ver reconhecido o seu direito.

Capítulo VII
Transmissão por morte do inquilino

93. Em que casos é que o contrato de arrendamento para habitação se transmite por morte do inquilino?

As condições em que o contrato de arrendamento se transmite depende da data do óbito do inquilino e da data em que o contrato foi celebrado.

Para os contratos de arrendamento celebrados depois do Novo Regime do Arrendamento Urbano (NRAU) (2006) o contrato transmite-se, por morte do inquilino, quando lhe sobreviva:

a) Cônjuge com residência no locado;
b) Pessoa que com ele vivesse em união de facto há mais de um ano;
c) Pessoa que com ele vivesse em economia comum e há mais de um ano.

Havendo várias pessoas com direito à transmissão, a posição do inquilino transmite-se, em igualdade de circunstâncias, sucessivamente para o cônjuge sobrevivo ou pessoa que com o falecido vivesse em união de facto, para o parente ou afim mais próximo ou, de entre estes, para o mais velho ou para a mais velha de entre as restantes pessoas que com ele residissem em economia comum.

Para os contratos de arrendamento celebrados antes do Novo Regime do Arrendamento Urbano (NRAU) (2006) o contrato só se transmite, por morte do primitivo inquilino (inquilino que assinou o contrato), quando lhe sobreviva:

a) Cônjuge com residência no locado;
b) Pessoa que com ele vivesse em união de facto há mais de dois anos, com residência no locado há mais de um ano;
c) Ascendente em primeiro grau (pais) que com ele convivesse há mais de um ano;
d) Filho ou enteado com menos de 1 ano de idade ou que com ele convivesse há mais de um ano e seja menor de idade ou, tendo idade inferior a 26 anos, frequente o 11º ou 12º ano de escolaridade ou estabelecimento de ensino médio ou superior;
e) Filho ou enteado, que com ele convivesse há mais de um ano, portador de deficiência com grau comprovado de incapacidade igual ou superior a 60%;
f) Filho ou enteado que com ele convivesse há mais de cinco anos, com idade igual ou superior a 65 anos, desde que o RABC do agregado familiar seja inferior a 5 RMNA (Ver resposta nº 23).

A posição de inquilino transmite-se, pela ordem das respectivas alíneas, às pessoas nele referidas, preferindo, em igualdade de condições, sucessivamente, o ascendente, filho ou enteado mais velho. Se sobreviver ao inquilino mais de um ascendente, há transmissão por morte entre eles.

94. O que acontece se o transmissário do contrato tiver outra casa?
O direito à transmissão referido na resposta anterior não se verifica se, à data da morte do inquilino, o transmissário – isto é, a pessoa para a qual se vai transmitir o direito ao arrendamento – tiver outra casa, própria ou arrendada, na área dos concelhos de Lisboa ou do Porto e seus limítrofes ou no respetivo concelho quanto ao resto do País.

95. O que acontece quando o contrato de arrendamento para habitação se transmite para ascendente com idade inferior a 65 anos?

Para os contratos de arrendamento celebrados antes do Novo Regime do Arrendamento Urbano (NRAU) (2006) o contrato transmite-se, por morte do primitivo inquilino (inquilino que assinou o contrato), quando lhe sobreviva ascendente em primeiro grau que com ele convivesse há mais de um ano.

Quando a posição do inquilino se transmita para ascendente com idade inferior a 65 anos à data da morte do inquilino, o contrato fica submetido ao NRAU.

Tal significa que, na falta de acordo entre as partes, o contrato vigorará pelo período de dois anos.

96. O que acontece quando o contrato de arrendamento se transmite para filhos ou enteados?

Para os contratos de arrendamento celebrados antes do Novo Regime do Arrendamento Urbano (NRAU) (2006) o contrato transmite-se, por morte do primitivo inquilino (inquilino que assinou o contrato), quando lhe sobreviva filho ou enteado com menos de 1 ano de idade ou que com ele convivesse há mais de um ano e seja menor de idade ou tendo idade inferior a 26 anos, frequente o 11º ou 12º ano de escolaridade ou estabelecimento de ensino médio ou superior.

Nestes casos o contrato fica submetido ao NRAU, ou seja, na falta de acordo entre as partes, o contrato vigorará pelo período de dois anos:

a) na data em que o filho ou enteado adquirir a maioridade;
b) quando o filho frequente o 11º ou 12º ano de escolaridade ou estabelecimento de ensino médio ou superior, na data em que perfizer 26 anos.

Se a transmissão se verificar para filho ou enteado portador de deficiência com grau comprovado de incapacidade igual ou superior a 60%, o contrato não ficará submetido ao NRAU.

97. Em que casos é que o contrato de arrendamento não habitacional se transmite por morte do inquilino?

As condições em que o contrato de arrendamento se transmite dependem da data do óbito do inquilino e da data em que o contrato foi celebrado.

Para os contratos de arrendamento celebrados depois do Novo Regime do Arrendamento Urbano (NRAU) (2006) o contrato transmite-se, por morte do inquilino, quando lhe sobreviva sucessor nos termos da lei.

Para os contratos de arrendamento celebrados antes do NRAU o contrato apenas se transmite, por morte do primitivo inquilino (inquilino que assinou o contrato), quando lhe sobreviva sucessor que, há mais de três anos, explore, em comum com o primitivo inquilino, estabelecimento a funcionar no local.

O contrato de arrendamento para profissão liberal também se transmite para o sucessor do primitivo arrendatário que com ele exerça essa profissão, há mais de três anos.

O sucessor com direito à transmissão deve comunicar ao senhorio, nos três meses posteriores ao óbito, a vontade de continuar a exploração.

Capítulo VIII
Transmissão *inter vivos* do contrato de arrendamento

98. Em que casos é que o contrato de arrendamento pode ser transmitido pelo inquilino?

Durante a vigência do contrato de arrendamento, as formas de transmissão da posição de inquilino são a sublocação ou o empréstimo.

Estas duas figuras distinguem-se pelo seu carácter oneroso, ou seja, na sublocação o inquilino recebe uma renda de terceira pessoa para usar (total ou parcialmente) o local e no empréstimo, o inquilino permite o uso do local por terceira pessoa, sem receber qualquer quantia a esse título.

A sublocação e o empréstimo só são permitidos quando senhorio e inquilino estipularam essa possibilidade no contrato de arrendamento ou venham a chegar a acordo nesse sentido.

Mesmo quando a sublocação ou o empréstimo são autorizados pelo senhorio, o inquilino tem a obrigação de comunicar a celebração dos mesmos no prazo de quinze dias.

A sublocação ou empréstimo feitos pelo inquilino sem autorização do senhorio ou sem respeitar a referida obrigação de comunicação constituem fundamento de resolução do contrato pelo senhorio, podendo este recorrer a acção judicial para ser decidido o despejo do local.

99. Em que casos é que o contrato de arrendamento para fim não habitacional pode ser transmitido pelo inquilino?

O contrato de arrendamento para fim não habitacional pode ser transmitido pelo inquilino, sem dependência de autorização do senhorio nos seguintes casos:

a) No caso de trespasse de estabelecimento comercial ou industrial;
b) A pessoa que no prédio arrendado continue a exercer a mesma profissão liberal, ou a sociedade profissional de objeto equivalente.

A transmissão da posição de inquilino deve ser celebrada por escrito e comunicada ao senhorio, no prazo de quinze dias.

A lei considera que não há trespasse:

a) Quando a transmissão não seja acompanhada de transferência, em conjunto, das instalações, utensílios, mercadorias ou outros elementos que integram o estabelecimento;
b) Quando a transmissão vise o exercício, no prédio, de outro ramo de comércio ou indústria ou, de um modo geral, a sua afectação a outro destino.

Nestes casos em que a lei considera não existir trespasse, a transmissão da posição de inquilino depende da autorização do senhorio.

O inquilino também pode transferir a sua posição, por tempo determinado (transmissão temporária) e mediante o pagamento de renda, quando cede o espaço em conjunto com a exploração de estabelecimento comercial ou industrial existente no local.

Este negócio é designado pela lei como locação de estabelecimento, e apesar de não carecer de autorização do senhorio deve ser-lhe comunicada no prazo de um mês.

100. Quais as consequências no contrato de arrendamento para fim não habitacional quando o inquilino celebra um trespasse, locação de estabelecimento, transmissão de posições sociais ou cessão do arrendamento para profissão liberal?

Com a alteração feita à Lei das Rendas em 2019, quando o inquilino celebrar trespasse, locação de estabelecimento, transmissão de posições sociais ou cessão do arrendamento para profissão liberal, o contrato de arrendamento e a renda manter-se-ão tal como estavam antes do inquilino ter feito estes negócios.

Antes desta última alteração, quando os referidos negócios (trespasse, locação de estabelecimento, transmissão de posições sociais ou cessão do arrendamento para profissão liberal) tivessem sido celebrados depois de 27 de Fevereiro de 2006 e nos casos em que o inquilino fosse titular de contrato de arrendamento celebrado antes do dia 5 de Outubro de 1995, o senhorio podia denunciar o contrato por comunicação com a antecedência de cinco anos.

Isto é, se o inquilino celebrasse algum dos seguintes negócios:

a) trespasse;

b) locação do estabelecimento – transferência temporária e onerosa do gozo de um prédio ou de parte dele, em conjunto com a exploração de um estabelecimento comercial ou industrial nele instalado;

c) cessão do arrendamento para o exercício de profissão liberal;

d) sendo o arrendatário uma sociedade, ocorra transmissão *inter vivos* de posição ou posições sociais (ex. cessão de quotas) que determine a alteração da titularidade em mais de 50%.

O contrato de arrendamento podia terminar no fim de cinco anos, se o senhorio assim o entendesse, sem que tivesse que invocar qualquer justificação ou fazer o pagamento de qualquer indemnização.

Esta possibilidade do senhorio poder terminar o contrato com a antecedência de cinco anos se fosse celebrado pelo inquilino um dos referidos negócios foi introduzida pelo NRAU versão 2006 e é a razão pela qual habitualmente se dizia que "os trespasses acabaram".

Desde a alteração de 2019 que o senhorio deixou de poder terminar o contrato passados cinco anos, mantendo-se o contrato e a renda anteriormente existentes, tal como acima foi referido.

Capítulo IX
O regime fiscal do contrato de arrendamento

101. Quais as obrigações fiscais do senhorio após a celebração do contrato de arrendamento?

O senhorio tem de comunicar o contrato de arrendamento às Finanças, entregando uma declaração criada para o efeito, designada por modelo 2 até ao fim do mês seguinte ao do inicio do arrendamento – ou do contrato promessa de arrendamento, neste caso desde o momento em que o imóvel seja disponibilizado.

Nessa declaração o proprietário deverá identificar o inquilino, fornecer informações relativamente ao imóvel, indicar a natureza do contrato e o valor da renda. O formulário deve ser entregue por via informática, sendo submetido através do Portal das Finanças (www.portaldasfinancas.pt). Havendo mais do que um proprietário, basta que um deles cumpra esta obrigação junto da Administração Tributária (AT). Se o contrato não for comunicado às Finanças, o proprietário do imóvel pode incorrer em responsabilidade contraordenacional e sujeita-se ao pagamento de uma coima que pode ir até aos 3.750 euros.

Estão previstas, no entanto, algumas excepções. Assim, a declaração "modelo 2" poderá ser entregue directamente num qualquer serviço de Finanças por proprietários que:

a) Não possuam, nem estejam obrigados a possuir, caixa postal electrónica.

b) Não tenham auferido no ano anterior rendimentos prediais (categoria F do IRS) de valor superior a duas vezes o valor do Indexante de Apoios Sociais (IAS), ou seja, 871,52 euros anuais.
c) Não tendo rendimentos prediais no ano anterior, não prevejam, no ano em curso, ultrapassar os 871,52 euros em rendas.

Estão também dispensados os senhorios que, mesmo com rendimentos superiores a 871,52 euros, tenham a 31 de Dezembro do ano anterior ao dos rendimentos idade igual ou superior a 65 anos.

102. Como registar um contrato no Portal das Finanças?

No Portal das Finanças há uma "secção" dedicada ao arrendamento. O proprietário deverá entrar aí e autenticar-se introduzindo o seu número de contribuinte e a palavra-passe previamente fornecida pelo Fisco. Num primeiro momento há que fornecer um conjunto de informações sobre o proprietário, o imóvel e o inquilino. São os "elementos mínimos", que servem para o Fisco ficar a saber que aquele contrato existe e quem são os seus titulares. Clicando na opção "comunicar início de contrato" abre-se uma janela onde os dados devem ser introduzidos. Através do preenchimento desse pequeno formulário, o proprietário está também a cumprir a obrigação de preenchimento da chamada declaração "modelo 2" a que nos referimos na questão anterior e com a qual será também liquidado, pela Autoridade Tributária e Aduaneira (AT), o imposto do selo – este corresponde a 10% sobre o valor de um mês de renda. Imediatamente a seguir, o Fisco emite um documento único de cobrança com uma referência Multibanco, e o proprietário deverá então proceder ao pagamento.

Posteriormente, eventuais alterações ou adendas ao contrato, e também quando o contrato termina, deverão igualmente ser comunicadas às Finanças. Se envolverem um aumento de renda na sequência da revisão de cláusulas contratuais, haverá também lugar ao pagamento de imposto do selo, com a mesma taxa de 10%.

Tratando-se do arrendamento de um imóvel que seja propriedade de uma herança indivisa, a responsabilidade pelo registo do contrato e consequente pagamento do imposto do selo cabe ao cabeça de casal. Da mesma forma, se o imóvel arrendado for parte comum de um edifício em propriedade horizontal, deverá ser o administrador do condomínio a proceder ao necessário registo e pagamento do selo.

Finalmente, se um prédio tiver mais do que um proprietário, o responsável por pagar o selo será aquele que tiver procedido ao registo do contrato.

Se um proprietário estiver em incumprimento, isto é, se ainda não tiver comunicado o seu contrato às Finanças, pode, a todo o momento, regularizar a sua situação pela internet. De resto, todos os contratos, mesmo aqueles que já foram declarados ao Fisco – ainda em papel – e em que foi já pago o imposto do selo, têm de ser inscritos pelos seus proprietários no Portal das Finanças, única forma de poderem depois emitir os recibos de renda electrónicos, que passaram a ser obrigatórios a partir de Novembro de 2015. Nesse caso deverão escolher a opção "emitir recibo". Como o Fisco ainda não tem a informação necessária, irá pedi-la. O proprietário deverá então clicar em "adicionar contrato". A partir daí, ser-lhe-ão pedidos os "elementos mínimos" do contrato. Este fica registado e passa então a ser possível emitir o recibo electrónico de renda.

103. Quais são os "elementos mínimos" que o Fisco pede no registo do contrato?

Na comunicação do contrato às Finanças são apenas exigidos dados sobre os proprietários, o imóvel e os inquilinos. Os "elementos mínimos" são os seguintes:

1. A caracterização do contrato – neste campo é pedida uma identificação do imóvel (por exemplo, "casa da rua X", que posteriormente, quando forem passar os recibos, servirá como referência para proprietários com vários arrendamentos); o tipo de contrato (arrendamento, sub-arrendamento, promessa de arrendamento) e a finalidade (habitação permanente ou não permanente e não habitacional); a data de início e a do fim do contrato, se estabelecida.

2. O imóvel – As Finanças já sabem quais os imóveis de que aquele contribuinte é proprietário e que estão registados como seus para efeitos de IMI, pelo que a lista aparece automaticamente e basta seleccionar o imóvel arrendado.
3. Os proprietários – também esta identificação aparece automaticamente, pois são elementos que o Fisco já tem, faltando juntar os dados de eventuais comproprietários e indicar o regime de casamento, se for o caso.
4. Os inquilinos – aqui é preciso inserir o número de contribuinte e regime de retenção na fonte. Se o inquilino for uma empresa poderá fazer logo à cabeça uma retenção a título de IRS, à taxa de 25%, e depois, no final do ano, o Fisco faz os acertos finais, já que os rendimentos prediais têm uma taxa autónoma de IRS que, em regra, é de 28% (ver resposta nº 104). Mas os proprietários que, por sua vez, não sejam empresas, podem optar por não querer qualquer retenção na fonte, pagando depois o imposto no final do ano.
5. A renda – finalmente, é preciso informar qual o valor da renda, eventuais despesas que fiquem por conta do inquilino (por exemplo o pagamento do condomínio, se assim tiver sido contratado) e a periodicidade da mesma (mensal ou inferior a um mês).

A partir do momento em que o Fisco fica na posse destes "elementos mínimos", quando o proprietário for emitir os recibos electrónicos de renda estes já aparecerão pré-preenchidos e basicamente só será preciso inserir o período a que respeitam, o que aumenta o automatismo do processo (ver resposta nº 113).

104. Como são tributadas as rendas no IRS?

A regra geral é a de que as rendas de imóveis são rendimentos prediais, integrados na categoria F do IRS. Desde 2013 que, na sequência da reforma do arrendamento urbano, de 2012, passou a aplicar-se uma taxa autónoma aos rendimentos do arrendamento, o que permite que estes não sejam somados aos restantes rendimentos que o proprietário tenha de outras categorias. Desta forma, pode beneficiar de uma taxa fixa e não progressiva, como é a norma neste imposto.

A regra geral é que essa taxa seja de 28%, mas desde 2019 que foram criadas taxas mais baixas de acordo com a duração dos contratos, como forma de incentivar os proprietários a aceitar arrendamentos mais longos desde que destinados a habitação permanente. E tributação é então feita assim:

- Aos contratos de arrendamento com duração igual ou superior a dois anos e inferior a cinco anos, é aplicada uma redução de dois pontos percentuais da respetiva taxa autónoma, para os 26%; e por cada renovação com igual duração, é aplicada uma redução de dois pontos percentuais até ao limite de catorze pontos percentuais, ou seja, até aos 14%;
- Aos contratos com duração igual ou superior a cinco anos e inferior a dez anos, é aplicada uma redução de cinco pontos percentuais da respetiva taxa autónoma, para os 23%; e por cada renovação com igual duração, é aplicada uma redução de cinco pontos percentuais até ao limite de catorze pontos percentuais, ou seja, até aos 14%;
- Aos contratos com duração igual ou superior a dez anos e inferior a 20 anos, é aplicada uma redução de catorze pontos percentuais da respetiva taxa autónoma, diretamente para os 14%;
- Finalmente, os contratos com duração igual ou superior a 20 anos beneficiarão imediatamente de uma redução de dezoito pontos percentuais da respetiva taxa autónoma, suportando apenas 10% de IRS.

Estas taxas autónomas aplicam-se a partir de 1 de janeiro de 2019 a novos contratos ou a renovações de contratos que ocorram entretanto, desde que com os prazos de duração referidos. Apenas podem beneficiar das taxas reduzidas os contratos que estejam devidamente registados nas Finanças, de acordo com o procedimento descrito na resposta nº 102. Também deverá ter sido pago o imposto do selo e, caso seja alvo de uma inspeção por parte do Fisco, o proprietário deverá ter em seu poder o respectivo comprovativo.

Se o contrato entretanto cessar, será preciso comunicar à Autoridade Tributária e Aduaneira a data de cessação, bem como a indicação do respetivo motivo da cessação, no Portal das Finanças, até 15 de fevereiro do ano seguinte.

Este último ponto é importante, na medida em que um proprietário que, por uma razão que lhe seja imputável, decida não levar o contrato até ao fim tendo já beneficiado de taxas reduzidas de IRS, perde o direito às reduções da taxa com efeitos desde o início do contrato. Por exemplo, se contratou (ou renovou) por cinco anos, mas ao fim de dois decide mandar o inquilino embora, terá de acertar as contas com o Fisco, pagando o IRS que deixou de suportar nos dois anos anteriores porque teve uma taxa mais baixa.

Isso significa que no ano da cessação deverá proceder à regularização da diferença entre o montante do imposto que foi pago em cada ano e aquele que deveria ter sido pago, acrescida de juros compensatórios.

E há mais: a lei prevê que nestes casos se suspende o prazo de caducidade, ou seja, aquele período durante o qual o Fisco pode liquidar um imposto e que é, em regra, de quatro anos. Por outras palavras, o Fisco pode, a qualquer momento fazer o acerto de contas. Mesmo que seja um contrato com 20 ou 30 anos que por razão imputável ao proprietário este não cumpra até ao fim.

Aplicando-se a taxa autónoma às rendas – seja a taxa de 28%, seja uma taxa reduzida –, o rendimento que o agregado familiar tiver tido durante o ano será dividido: as rendas pagam 28% de IRS e os demais rendimentos (como salários ou pensões) pagam a taxa de imposto que lhes corresponder, de acordo com o respectivo valor.

No entanto, se lhe for mais favorável, o senhorio pode optar pelo englobamento, que é uma outra modalidade de tributação que a lei prevê. Neste caso, o valor das rendas soma aos demais rendimentos que a pessoa teve durante o ano e depois, consoante o montante final obtido, será aplicada a correspondente taxa de IRS.

Num caso ou noutro, basta preencher a declaração de IRS com todas as informações que depois o Fisco faz as contas quando proceder à liquidação do imposto. No entanto, é sempre o contribuinte que deve fazer a opção pelo englobamento ou não das rendas de imóveis.

Uma terceira modalidade, aplicável aos senhorios em nome individual, é a opção de tributarem os seus rendimentos prediais no âmbito da categoria B (rendimentos empresariais e profissionais), exercendo a atividade de arrendamento como uma actividade económica.

Esta modalidade surgiu com a reforma do IRS, que entrou em vigor no dia 1 de Janeiro de 2015, e significa que os senhorios estarão na condição de empresários em nome individual, sendo que os valores obtidos com as rendas serão incluídos na declaração anual de rendimentos no anexo B e obrigatoriamente englobados com os restantes rendimentos que o contribuinte tenha, das categorias A (trabalho dependente), H (pensões) ou G (outros rendimentos), quando sujeitos a englobamento. Como neste caso o englobamento é obrigatório, os contribuintes que façam esta opção deixam de poder beneficiar da taxa especial de 28% e sujeitam-se às taxas progressivas de imposto, que vão sendo mais altas à medida que o rendimento total aumenta. Na categoria B há dois regimes optativos: o regime simplificado e o da contabilidade organizada, sendo que só pode ficar com o primeiro quem no ano anterior tenha tido rendimentos abaixo dos 200.000 euros. (ver resposta nº 107).

105. O que é preciso fazer para as rendas serem tributadas pela categoria B do IRS?

Os senhorios que queiram ser tributados pelas regras da categoria B têm que apresentar uma declaração de início de actividade, mediante o preenchimento e entrega de um formulário que está disponível no Portal das Finanças. Quem já tenha actividade aberta como independente, tem que apresentar uma declaração de alterações para incluir esta actividade adicional. Os contribuintes deverão também informar as Finanças sobre o regime que escolhem, se o simplificado se o da contabilidade organizada. O arrendamento passa então a ser visto como sendo uma actividade empresarial, por isso vão aplicar-se a estes rendimentos as mesmas regras dos profissionais independentes, nomeadamente no que respeita às deduções ou reporte de prejuízos, como veremos mais à frente.

Mas existe um outro aspeto de natureza substancial que deve ser tido em conta. É que a opção pela tributação das rendas dos prédios na categoria B implica que aqueles sejam afectos à actividade, com todas as consequências fiscais dessa afectação (afectação de bens do património particular do sujeito passivo à sua atividade empresarial e profissional).

Esta afetação não implica o pagamento de IMT, mas pode implicar o pagamento de mais-valias (categoria G), se o prédio que é afecto à actividade empresarial tiver sido adquirido depois de 1 de Janeiro de 1989, embora essas mais-valias só venham a ser exigíveis quando o prédio for alienado ou quando voltar ao património particular.

De acordo com uma norma introduzida já em 2017 no Código do IRS, não haverá lugar a pagamento de mais-valias se o prédio voltar a ser afecto à obtenção de rendimentos da categoria F, ou seja, se continuar arrendado e entretanto o proprietário tiver optado por sair da categoria B e voltar à tributação pela categoria F.

106. Dentro da tributação pela categoria F do IRS, de rendimentos prediais, qual das modalidades é mais vantajosa: a taxa autónoma ou o englobamento com os demais rendimentos?

Tudo dependerá dos valores que estejam em causa. Para proprietários cujo agregado familiar tenha rendimentos anuais baixos, pode ser preferível optar pelo englobamento, uma vez que tudo depende da taxa que se paga no final. Na prática, se depois de todos os rendimentos englobados (ou seja, somados) e feitas as deduções que a lei prevê, a taxa efectiva de IRS a suportar for inferior a 28% (ou às taxas reduzidas, consoante a que estiver a ser aplicada), então o melhor é optar pelo englobamento. Caso contrário, a taxa especial será mais favorável ao proprietário, já que pelo menos para os rendimentos prediais pagará menos IRS.

Em conclusão, o melhor é fazer previamente uma simulação, disponível no Portal das Finanças, para depois tomar a melhor decisão: ou opta pelo englobamento, ou opta pela regra geral, com as rendas a serem tributadas de forma autónoma, sempre à mesma taxa de 28% (ou outra taxa reduzida), consoante o que for fiscalmente mais atractivo.

Atenção, no entanto, que quem exerce a opção pelo englobamento fica obrigado a englobar a totalidade dos rendimentos da mesma categoria, neste caso a categoria F.

107. Como funciona o regime simplificado da categoria B do IRS?

Tal como acima referimos, a tributação das rendas na categoria B tem dois regimes optativos: o regime simplificado e o da contabilidade organizada.

No regime simplificado, o cálculo do imposto é efectuado com recurso a um coeficiente, que no caso dos rendimentos prediais será de 0,95 e que é aplicado aos resultados positivos, isto é, às rendas já deduzidas das despesas com os imóveis. Vejamos um exemplo: Para um rendimento anual de 6.000 euros em que o proprietário tenha tido despesas de 1.000 euros, teremos um resultado positivo de 5.000 euros. Este valor é multiplicado por 0,95 e o resultado – 4.750 euros – corresponderá ao rendimento tributável, que será englobado com os outros rendimentos que a pessoa tenha e sobre os quais incidirá depois a taxa de imposto. Os 5% que o Fisco exclui automaticamente corresponderão ao que as Finanças consideram que deve ser afecto aos custos da actividade.

108. Que despesas podem os senhorios deduzir?

Os proprietários de imóveis com rendimentos prediais que sejam tributados pela categoria F do IRS e pela categoria B com regime simplificado podem deduzir aos seus rendimentos brutos todos os gastos que efectivamente suportaram e pagaram para conseguirem obter aqueles rendimentos e dos quais tenham documento comprovativo. Aqui se incluirão, por exemplo, as seguintes despesas: manutenção e conservação do prédio, energia e manutenção de elevadores, escadas rolantes e monta-cargas, porteiros, limpeza, energia para iluminação, aquecimento ou climatização central, condomínio e administração da propriedade horizontal, taxas autárquicas (como as de saneamento ou esgotos), gastos com agências imobiliárias ou com advogados e custos para obtenção do certificado energético.

Podem igualmente deduzir o valor pago a título de imposto do selo que incide sobre os contratos de arrendamento, bem como o imposto municipal sobre imóveis (IMI). Neste último caso, apenas se o imóvel tiver tido rendimentos de arrendamento nesse ano, bastando que tenha estado arrendado um mês. Os prémios de seguro do prédio também são dedutíveis, mas o Fisco não aceita o seguro multirriscos, considerando que o mesmo é meramente facultativo.

Finalmente, a lei permite que sejam deduzidos os gastos suportados e pagos nos 24 meses anteriores ao início do arrendamento relativos a obras de conservação e manutenção do prédio, desde que, entretanto, o imóvel não tenha sido utilizado para outro fim que não o arrendamento. Ficam expressamente excluídos das deduções os gastos de natureza financeira – por exemplo, juros de empréstimos para a compra do imóvel ou para a realização de obras no mesmo –, os relativos a depreciações – custos de desgaste dos activos, neste caso dos imóveis – e, ainda, os custos com mobiliário, electrodomésticos e artigos de conforto ou decoração. Estas deduções apenas são permitidas se o contribuinte escolher o regime da contabilidade organizada, como veremos mais à frente.

Há ainda as chamadas deduções à colecta, em que o proprietário pode deduzir os encargos suportados naquele ano com a recuperação ou reabilitação dos imóveis, mas com restrições: os prédios têm de estar localizados numa área de reabilitação urbana (assim definida pelo respectivo município), ou então têm de ter contratos de arrendamento antigos, passíveis de actualização ou já em actualização ao abrigo do Novo Regime do Arrendamento Urbano (NRAU). Em qualquer destes casos, o valor a deduzir à colecta é de 30% dos valores gastos, com o limite de 500 euros.

109. O que acontece se no final do ano o resultado das contas for negativo?

Na tributação pela categoria F do IRS, se num determinado ano as despesas somarem um valor superior ao das rendas recebidas – por exemplo porque foi preciso fazer uma grande obra –, então o proprietário pode reportar esse rendimento negativo nos seis anos seguintes, deduzindo-os aos resultados líquidos positivos que tenha.

Para evitar situações abusivas, é criado um travão ao reporte de prejuízos na categoria F do IRS, dos rendimentos prediais (norma anti-abuso). Assim, o reporte de perdas nos seis anos seguintes ficará sem efeito quando os prédios a que os gastos digam respeito não gerarem qualquer rendimento em pelo menos 36 meses dos cinco anos seguintes aos gastos. E, mais, estabelece-se que esse período pode ser seguido ou interpolado. Esta norma anti-abuso pretende evitar os casos em que um proprietário faz obras numa casa arrendada, mas depois, ao fim de algum tempo, passa a usar o imóvel por exemplo para a sua habitação própria, retirando-o do mercado de arrendamento.

110. E se o regime escolhido for o da contabilidade organizada?

Tal como acima referimos, a tributação das rendas na categoria B tem dois regimes optativos: o regime simplificado e o da contabilidade organizada.

No regime da contabilidade organizada, o empresário em nome individual é tratado como uma empresa. Desde logo, fica obrigado ao preenchimento de uma declaração anual simplificada e a contabilidade terá de ser entregue a um técnico oficial de contas. Depois, as regras são as que se aplicam na tributação em sede de IRC pelo que tudo o que contribui para os lucros pode ser aceite com custo. Assim, ao contrário do que acontece na tributação pelo regime simplificado, os gastos de natureza financeira –juros de empréstimos, por exemplo – podem ser deduzidos, aplicando-se apenas as limitações gerais que, neste caso, fixam um tecto máximo de um milhão de euros ou 30% do resultado. Poderão igualmente ser aceites despesas relativas a depreciações dos activos, bem como os gastos com mobiliário, electrodomésticos e artigos de conforto ou decoração. Outra vantagem da contabilidade organizada prende-se com o reporte de prejuízos: havendo perdas, estas poderão ser reportadas nos 12 anos seguintes (como vimos, no regime simplificado não é possível o reporte e na categoria F o limite são seis anos). Por outro lado, neste regime não se aplicará a norma anti-abuso segundo a qual o reporte de perdas ficará sem efeito quando os prédios a que os gastos digam respeito não gerarem qualquer rendimento em pelo menos 36 meses dos cinco anos seguintes aos gastos.

111. Se o contribuinte estiver no regime simplificado pode mudar para o da contabilidade organizada?

Pode, uma vez que deixou de haver qualquer regra a obrigar a uma permanência mínima num dos regimes. Assim, é possível mudar de um ano para o outro, bastando que o Fisco seja informado dentro do prazo legal, isto é, mediante a entrega de uma declaração de alterações até ao final do mês de Março do ano em que pretende a mudança. Assim sendo, se num determinado ano o proprietário espera ter perdas significativas – devidas, por exemplo, a uma obra de grande valor – poderá mudar do regime simplificado (que não permite apurar prejuízos) para o da contabilidade organizada, onde terá 12 anos para reportar essas perdas. Depois, quando voltar a ter lucros, poderá regressar ao regime simplificado e continuar a beneficiar do reporte, já que o código do IRS admite que ao rendimento tributável determinado no âmbito do regime simplificado podem ser deduzidos os prejuízos fiscais apurados em períodos anteriores.

112. Qual é o regime mais vantajoso, o simplificado ou o da contabilidade organizada?

Não há uma resposta única para esta questão. Tudo dependerá das características de cada proprietário e dos rendimentos que aufere. Optar pela tributação dos rendimentos prediais no âmbito da categoria B, como atividade económica, apenas se apresenta objectivamente mais favorável para rendimentos desta proveniência muito elevados e que possam justificar uma organização empresarial com contabilidade organizada. À partida o regime simplificado não oferece grande atractivo, uma vez que o rendimento líquido não é determinado por nenhum coeficiente, mas é apurado tal como se fosse determinado na categoria F.

Já o regime da contabilidade organizada oferece grandes vantagens, seja em termos de deduções, que não ficam confinadas às previstas na categoria F, antes se alargam aos encargos financeiros (juros pagos pelo financiamento da aquisição de prédios para arrendar), às amortizações dos imóveis e a todas as outras despesas conexas com a obtenção dos rendimentos. Há, ainda, a possibilidade de reinvestir o valor de realização dos prédios vendidos na aquisição de outros com a finalidade de serem arrendados, com o benefício da tributação das mais-valias em apenas 50%, por aplicação do regime do artigo 48º do Código do IRC.

113. Os senhorios estão obrigados a passar recibos mensais aos inquilinos?

Sim. Essa obrigação sempre existiu, mas foi reforçada com as novas regras criadas com a reforma do IRS, de 2015. Assim, a lei passou a exigir que, mensalmente, seja emitido um recibo de renda electrónico de todas as importâncias recebidas dos inquilinos. E isso inclui não só as rendas, como também cauções, adiantamento ou reembolso de despesas. A regra geral para os proprietários que não optem pela tributação pela categoria B do IRS é que esse recibo seja emitido através do Portal das Finanças (www.portaldasfinancas.pt) e da página pessoal do senhorio, à qual este acede com o seu número de contribuinte e a palavra-passe previamente solicitada à Autoridade Tributária e Aduaneira (AT). O recibo electrónico de renda é enviado para o Fisco por via electrónica e o proprietário pode imprimir uma cópia para entregar em papel ao inquilino.

Ficam dispensados desta obrigação do recibo electrónico de renda, se assim o desejarem, os senhorios que:

a) Não possuam, nem estejam obrigados a possuir, caixa postal electrónica;
b) Não tenham auferido, no ano anterior rendimentos prediais (categoria F do IRS) de valor superior a duas vezes o valor do Indexante de Apoios Sociais (IAS), ou seja, 871,52 euros anuais;
c) Não tendo rendimentos prediais no ano anterior, não prevejam, no ano em curso, ultrapassar os 871,52 euros em rendas.

Estão também dispensados os proprietários que, mesmo com rendimentos superiores a 871,52 euros, tenham a 31 de Dezembro do ano anterior ao dos rendimentos idade igual ou superior a 65 anos.

Nos meses em que o inquilino não pagou, não há lugar a recibo electrónico de renda, uma vez que este é, tecnicamente, um documento de quitação, que só é obrigatório contra a entrega dos valores da renda. Pode haver uma situação em que o proprietário passa o recibo convencido que o inquilino lhe pagou, mas descobre, entretanto, que tal não aconteceu. Nesse caso é possível anular esse recibo, podendo isso ser feito até ao fim do prazo de entrega da declaração de IRS correspondente ao ano a que diz respeito aquela renda. O proprietário deverá solicitar a anulação do recibo através do Portal das Finanças e o Fisco vai depois comunicar a anulação ao inquilino em nome de quem o recibo foi emitido.

Quem não emita os recibos de forma electrónica, por estar dispensado de o fazer, fica obrigado a entregar anualmente à Autoridade Tributária e Aduaneira uma declaração anual das quantias recebidas dos seus inquilinos (ver resposta nº 117).

114. Que rendimentos obrigam à emissão de um recibo electrónico de renda?

O recibo electrónico de renda não é obrigatório apenas para os rendimentos provenientes do contrato de arrendamento e o proprietário deve ter isso bem presente. Esta obrigação abrange também:

1. Os valores recebidos pelo aluguer de máquinas ou mobiliários instalados no prédio;
2. As quantias relativas à cedência do uso, total ou parcial do imóvel para quaisquer fins especiais, como seja a instalação de publicidade na fachada ou no telhado;
3. As rendas recebidas pela cedência de partes comuns do prédio que esteja em propriedade horizontal (caso em que o condomínio arrenda, por exemplo, a chamada "casa da porteira").
4. Os casos em que um arrendatário, com autorização prévia do senhorio, decida arrendar por sua vez a casa ou parte dela e em que também terá de declarar essa renda – nessa situação será tributado pela diferença entre o que receber e o que tiver ele próprio de pagar ao senhorio.

Atenção que, tratando-se de arrendamento a estudantes, os senhorios terão de indicar nas Informações Complementares' que "O arrendamento/subarrendamento destina-se a estudante deslocado". Isto porque o estudante – ou a sua família – poderá depois deduzir este valor ao IRS, a título de despesa de educação.

115. E se o prédio arrendado tiver vários proprietários? Ou vários inquilinos?

Havendo vários proprietários, basta que um deles emita o recibo. Quando foram introduzidos os "elementos mínimos" do contrato e submetida a declaração modelo 2, para efeitos do imposto do selo (ver resposta nº 103), o Fisco ficou a saber qual era o prédio arrendado e os respectivos proprietários, pelo que depois, perante os recibos que lhe chegam, é o próprio sistema informático que atribui a cada um dos proprietários a sua quota-parte do rendimento. No entanto, se os comproprietários assim o desejarem e acordarem nesse sentido, também pode ser cada um deles a emitir recibo referente à sua quota-parte do imóvel.

Havendo vários comproprietários, se um deles tiver 65 anos ou mais estará dispensado de emitir recibos electrónicos, podendo fazê-lo em papel, mas apenas no que se refere à sua quota-parte. Os comproprietários com menos de 65 anos mantêm a obrigação de emitir recibos electrónicos.

No caso de existirem vários inquilinos, basta também emitir um único recibo, embora se as partes assim o preferirem seja possível passar um recibo a cada um dos inquilinos. Quando o contrato foi registado inicialmente e foi submetida a declaração modelo 2, para efeitos de imposto do selo, entre a informação prestada constou já a identificação dos vários inquilinos. Assim sendo, quando recebe o recibo, o Fisco já sabe que aquele valor deverá ser imputado àquelas pessoas, para efeitos de benefícios fiscal em sede de IRS (ver resposta nº 118). Se por acaso um determinado pagamento ao proprietário for efectuado apenas por um dos inquilinos, nesse caso, no momento da emissão do recibo electrónico este pode ficar só em nome daquele inquilino, sendo os restantes "removidos" naquele recibo em particular.

Finalmente, quem assim o deseje pode pedir a um terceiro que proceda ao preenchimento e envio do recibo electrónico de renda. Terá de comunicar esse facto ao Fisco também através do Portal das Finanças, devendo clicar em "emitir recibo de renda" e, depois, preencher o campo "NIF do terceiro autorizado". A pessoa assim indicada não fica com acesso a qualquer outra informação fiscal do proprietário e poderá depois emitir os recibos electrónicos de renda a partir da sua própria página do Portal das Finanças. Atenção que, se por acaso se verificar alguma falha ou um recibo não for emitido, a responsabilidade será sempre do próprio proprietário, que terá de responder por ela.

116. Os condomínios e as heranças indivisas estão obrigados a emitir recibos electrónicos de renda?

Sim, estão. No caso dos condomínios, a obrigação está centralizada no administrador. Este deve começar por dirigir-se a um balcão das Finanças com o livro de actas e exibir a acta da reunião em que foi nomeado administrador para que os serviços possam comprovar essa sua qualidade e verifiquem e registem a autorização constante da acta. No caso dos condomínios estão em causa, entre outros exemplos, rendas da chamada "casa da porteira" ou de um terraço comum do prédio, mas também instalação de antenas de empresas de telemóveis ou a cedência de fachadas ou do telhado para fins publicitários. O contrato deverá ser registado no Portal das Finanças e os recibos também emitidos de forma electrónica, como os de qualquer outro arrendamento. Para os condomínios o Fisco não admite excepções, portanto, independentemente da idade do administrador ou dos valores das rendas, é sempre obrigatório emitir recibo electrónico de renda.

Se o imóvel pertencer a uma herança indivisa, então a responsabilidade pelas obrigações declarativas é do cabeça-de-casal, ou seja, a pessoa que administra a herança. Neste caso, se o cabeça de casal tiver 65 anos ou mais poderá emitir recibos de renda em papel e entregar depois a declaração anual de rendas até ao final do mês de Janeiro do ano seguinte (ver resposta nº 117). Caso o cabeça de casal tenha menos de 65 anos está sempre obrigado a emitir recibos electrónicos pela totalidade da renda, mesmo que um ou mais dos restantes herdeiros tenham já chegado aos 65 anos.

117. Que informação terá de conter a declaração anual dos senhorios e qual será o prazo de entrega?

Como vimos, quem não emita os recibos de forma electrónica, por estar dispensado de o fazer (ver resposta nº 113) fica obrigado a entregar anualmente à Autoridade Tributária e Aduaneira (AT) uma declaração das quantias recebidas dos seus inquilinos.

Trata-se de uma declaração de modelo oficial definido pelo Governo que os proprietários de imóveis arrendados têm de preencher e submeter através do Portal das Finanças por transmissão electrónica de dados ou que poderão apresentar em papel junto de qualquer serviço de Finanças. Essa declaração deverá identificar proprietários e inquilinos e indicar todas as quantias recebidas ao longo do ano, incluindo não só as rendas, como também montantes entregues pelo arrendatário a título de caução, adiantamentos ou reembolsos de despesas. Deverá ser entregue, obrigatoriamente, até ao final do mês de Janeiro de cada ano, por referência ao ano anterior. O objectivo, tal como com os recibos electrónicos de renda, é, não só controlar mais de perto os contratos de arrendamento, contrariando o chamado mercado paralelo, como permitir à AT pré-preencher as declarações anuais de IRS com o máximo de informação possível. Seja com os recibos electrónicos, emitidos através do Portal das Finanças, seja através desta declaração anual, o Fisco já vai poder pré-inscrever nas declarações de impostos dos proprietários os respectivos rendimentos prediais e nas dos inquilinos as suas despesas com rendas. Num e noutro caso, os valores pré-preenchidos poderão ser sempre contestados e rectificados pelos respectivos titulares, de 15 a 31 de Março de cada ano.

118. E quanto aos inquilinos, podem deduzir as rendas no IRS?

No caso de os inquilinos serem titulares de contrato de arrendamento posterior a 1990, a dedução permitida é de 15% das importâncias suportadas durante o ano com o limite de 502 euros por agregado familiar, mas admite-se que esse limite seja superior para rendimentos anuais mais baixos.

Assim, o limite da dedução à colecta será elevado em duas situações:

a) Para contribuintes com um rendimento colectável inferior a 7,091 euros, o limite serão 800 euros;

b) Para contribuintes com um rendimento colectável entre os 7,091 e os 30.000 euros, será preciso aplicar uma fórmula, prevista no Código do IRS, para calcular o limite máximo da dedução:

$$€502 - \left[(€800 - €502) \times \left[\frac{€30.000 - \textit{Rendimento Colectável}}{€30.000 - €7{,}091}\right]\right]$$

Um exemplo: para um rendimento anual de 10.000 euros, utilizando a fórmula descrita, o limite passaria a ser de 762,2 euros. Para 20.000 euros anuais, seria de 632, para 29.000, já seria só 515 euros. Ou seja, à medida que o rendimento sobe, a aplicação da fórmula faz com que o valor da dedução vá baixando. A partir dos 30.000 euros de rendimento, o tecto máximo da dedução serão sempre os 502 euros por agregado.

Caso o inquilino receba algum apoio financeiro ao arrendamento, o montante a deduzir será o valor líquido de subsídios ou comparticipações oficiais.

As rendas só são dedutíveis se tiverem sido cumpridas todas as formalidades. Quer isto dizer que o senhorio terá sempre de passar recibo, nos termos que vimos acima, ou de ter entregue nas Finanças a declaração anual de rendas. Além disso, todos os recibos e facturas têm que ter inscrito o número de contribuinte do inquilino. Caso seja uma empresa, as obrigações são as relativas à emissão de factura. Seja através das facturas que lhe chegam (as empresas têm de enviar mensalmente para o Fisco uma relação das facturas que emitem), seja através dos recibos electrónicos ou da declaração anual do senhorio, a Autoridade Tributária e Aduaneira fica em condições de pré-preencher a declaração anual de IRS. No entanto, é conveniente verificar se os valores estão correctos, isto é, se todas as rendas foram efectivamente comunicadas ao Fisco. Depois, todos os anos até 15 de Março, o Fisco disponibiliza também no Portal das Finanças o montante das deduções à colecta a que cada contribuinte tem direito. No caso das rendas, como no de qualquer outra despesa dedutível em IRS, o inquilino tem direito a reclamar, caso os valores não estejam correctos. Terá de o fazer até 31 de Março.

Recorde-se ainda que, se for um “arrendamento de estudante deslocado”, a renda é considerada uma despesa de educação até ao limite de 300 euros por ano. O estudante tem de ter menos de 25 anos e frequentar um estabelecimento de ensino localizado a mais de 50 km da residência permanente do agregado familiar. Recorde-se ainda que, nas deduções de despesas de educação no IRS há um tecto máximo de 800 euros por agregado. Se este montante for ultrapassado, então os 300 euros relativos à renda podem ser acrescidos em 200 euros, mas apenas quando a diferença corresponda a rendas.

119. E se o contrato de arrendamento for anterior a 1990?

Se o contrato de arrendamento for anterior a 1990, as rendas não podem ser deduzidas para efeitos fiscais, já que o Código do IRS prevê expressamente que só são aceites as rendas de contratos celebrados ao abrigo do Regime do Arrendamento Urbano, aprovado pelo Decreto-Lei nº 321-B/90, de 15 de outubro, ou do Novo Regime do Arrendamento Urbano (NRAU), aprovado pela Lei nº 6/2006, de 27 de Fevereiro, e depois alterado pela Reforma do Arrendamento Urbano de 2012. Quer isto dizer que, ainda que sejam rendas antigas que estejam em processo de actualização, se o contrato ainda não tiver transitado para o NRAU os valores não são dedutíveis ao IRS.

120. Eventuais indemnizações que os inquilinos recebam dos senhorios são sujeitas a tributação em IRS?

Na sequência da alteração à lei entrada em vigor em 2019, as «indemnizações legalmente devidas pela denúncia de contratos de arrendamento sem termo de imóveis para habitação permanente deixaram de estar sujeitas a IRS, como acontecia até então.

Os casos em que há lugar ao pagamento de indemnizações aos inquilinos são vários:

- Denúncia do contrato pelo senhorio (ver respostas nºs 43 e 47)

Não havendo acordo num processo de actualização de rendas antigas o senhorio pode optar por denunciar o contrato, ficando obrigado a pagar uma indemnização ao arrendatário. Esta será equivalente a cinco anos da renda resultante do valor médio das propostas formuladas por ambas as partes.

- Denúncia do contrato pelo senhorio para obras de remodelação ou restauro profundos (ver respostas nºs 76 e 77)

Sempre que um imóvel tenha de ter obras profundas, que impliquem a saída do inquilino, o senhorio pode denunciar o contrato pagando uma indemnização equivalente a um ano de rendas. Se for um arrendamento comercial, há também lugar ao pagamento de benfeitorias.

- Benfeitorias realizadas no imóvel pelo inquilino (ver resposta nº 14)

Se o inquilino optar por denunciar o contrato de arrendamento, por não concordar com a renda proposta pelo proprietário, poderá haver lugar ao pagamento de uma indemnização pelas benfeitorias que tenham sido realizadas no imóvel pelo arrendatário.

QUADROS

Quadro 1
Contratos habitacionais

QUADRO GERAL

Comunicação do senhorio

Requisitos da carta:

1ª Proposta de nova renda

2ª Proposta de tipo e duração do contrato

3ª Cópia da caderneta predial e indicação do valor do locado

4ª Indicar que o prazo de resposta é de 30 dias

5ª Indicar quais os sentidos possíveis da resposta

6ª Indicar quais os regimes de excepção e os documentos que deve o inquilino juntar com a resposta

7ª Indicar quais as consequências da falta de resposta e da falta de invocação dos regimes de excepção

⇩

Possíveis respostas do inquilino
(30 dias)

⇩

1ª Falta de resposta (Quadro 2)

2ª Aceitação (Quadro 3)

3ª Denúncia do contrato (Quadro 4)

4ª Oposição (Quadro 5)

5ª Invocação de regimes de excepção (Quadro 6 e 7)

6ª Não invocação de regimes de excepção (Quadro 8)

O inquilino pode reclamar de qualquer incorrecção na inscrição matricial do locado (a reclamação não suspende a actualização da renda/pode haver lugar à recuperação da renda pelo inquilino)

Quadro 2
Falta de resposta do inquilino

Falta de resposta do inquilino	⟹	Consideram-se aceites: - A renda e o tipo de contrato (propostos pelo senhorio)	Produção de efeitos: - 90 dias (1.º dia do 2.º mês após o fim do prazo de resposta) após a comunicação do senhorio

Quadro 3
Aceitação pelo inquilino

O inquilino aceita a proposta do senhorio	⟹	Produção de efeitos: - 60 dias (1.º dia do 2.º mês) após a recepção da resposta do arrendatário

Quadro 4
Denúncia pelo inquilino

O inquilino denuncia o contrato	⟹	- Entrega da casa: 90 dias após a resposta ao senhorio - Não há actualização da renda - Direito a benfeitorias	- Obras lícitas (entidades administrativas) - Regime das benfeitorias do possuidor de boa-fé - Independentemente do estipulado no contrato - Mesmo que não tenham sido autorizadas pelo senhorio

Quadro 5
Oposição do inquilino

O inquilino opõe-se à proposta do senhorio

⇩ ⇩

Responde apresentando nova proposta	**Não apresenta proposta de nova renda** (considera-se que pretende manter a renda em vigor)

⇩

Possíveis respostas do senhorio
(30 dias)

⇩

A) Falta de resposta do senhorio

- As condições propostas pelo inquilino consideram-se aceites 90 dias (1º dia do 2º mês após o fim do prazo da resposta) após a carta do inquilino

B) O senhorio aceita a proposta do inquilino

- A renda/tipo/duração do contrato aplicam-se 60 dias (1º dia do 2º mês) após a recepção da carta do senhorio

- Na falta de acordo ou no silêncio – o contrato considera-se celebrado pelo prazo certo de cinco anos

C) O senhorio denuncia o contrato

- Paga indemnização de cinco anos de renda (calculada pelo valor médio das propostas) na data da entrega da casa

- Agravamento da indemnização
  (consoante a diferença de 10% ou 20% entre os valores das propostas trocadas entre senhorio e inquilino)
  - Dobro
  - 50%

  Entrega da casa:
  - 7 meses ou;
    13 meses – se tiver filhos menores ou a estudar
  - Neste período vigora a renda antiga ou a proposta pelo arrendatário (consoante a que for mais elevada)

o inquilino tem direito a ser indemnizado por benfeitorias:
- obras lícitas
- segundo o regime do possuidor de boa-fé
- independentemente do estipulado no contrato
- mesmo que não tenham sido autorizadas pelo senhorio

D) O senhorio actualiza a renda para 1/15 do VPT e o contrato considera-se celebrado pelo prazo certo de cinco anos

Efeitos:
- os cinco anos contam-se a partir da carta do senhorio
- a nova renda é devida 60 dias (1º dia do 2º mês) após a carta do senhorio

Quadro 6

O inquilino invoca regimes de excepção

CONTRATOS HABITACIONAIS

1ª EXCEPÇÃO – CARÊNCIA ECONÓMICA

O inquilino invoca RABC inferior a cinco RMNA

- junta comprovativo do serviço de finanças
- se não o tiver: deve juntar o pedido (após a obtenção do documento deve enviá-lo ao senhorio no prazo de 15 dias)
- o RABC refere-se ao ano civil anterior
- prova anual do RABC até 30 de Setembro – quando o senhorio exigir até ao dia 1 de Setembro

⇩

A renda é actualizada consoante o RABC do inquilino

- durante oito anos a renda corresponde ao valor da 1.ª renda devida

⇩

RABC igual ou inferior a € 500,00 mensais	⇨ A renda é actualizada em 10% do RABC
RABC de € 500,01 mensais até € 750,00	⇨ A renda é actualizada em 13% do RABC
RABC de € 750,01 mensais até € 1.000,00	⇨ A renda é actualizada em 15% do RABC
RABC de € 1.000,01 mensais até € 1.500,00	⇨ A renda é actualizada em 17% do RABC
RABC de € 1.500,01 mensais até € 3.500,00*	⇨ A renda é actualizada em 25% do RABC

* Valor apurado no ano de 2019

⇩

O contrato só fica submetido ao NRAU no fim do prazo de oito anos
(a contar da resposta do inquilino)

⇩

Findos os oito anos

⇩

O senhorio pode promover a transição para o NRAU

⇩

O inquilino não pode voltar a invocar RABC inferior a cinco RMNA

⇩

No silêncio ou na falta de acordo o contrato é de prazo certo de cinco anos

Quadro 7

O INQUILINO INVOCA REGIMES DE EXCEPÇÃO

CONTRATOS HABITACIONAIS

2ª EXCEPÇÃO – IDADE E/OU INCAPACIDADE

O inquilino invoca:

- Idade igual ou superior a **65 anos**;

ou

- Incapacidade igual ou superior a **60%**

(tem de juntar comprovativo – se não juntar não pode prevalecer-se das referidas circunstâncias)

⇓

Só idade/incapacidade

O limite máximo de actualização da renda é de **1/15 do VPT**
(Quadro 5, alínea D))

⇓

1) Idade e/ou incapacidade + carência económica ou
2) Reside há mais de cinco anos no locado cônjuge, unido de facto ou parente no primeiro grau da linha recta com idade igual ou superior a 65 anos ou incapacidade igual ou superior a 60% + carência económica

⇓

Aplica-se o regime da **1.ª excepção** (Quadro 6): actualização da renda consoante o RABC durante dez anos

⇓

Findos dez anos: o senhorio pode actualizar a renda para 1/15 do VPT – o inquilino pode ter direito a uma resposta social

EM AMBOS OS CASOS

O contrato **só transita para o NRAU mediante acordo das partes**

O CONTRATO NÃO CESSA

Quadro 8

O INQUILINO NÃO INVOCA REGIMES DE EXCEPÇÃO

CONTRATOS HABITACIONAIS

Se o inquilino:

- tiver idade igual ou superior a 65 anos
  ou incapacidade igual ou superior a 60% e;
- residir há mais de 15 anos no locado

⇩ ⇩

Contrato

O senhorio só pode opor-se à renovação do contrato se pretender demolir o locado ou executar obras de remodelação ou restauro profundos (ver respostas 73 a 81)

Renda

Na renovação de contrato a renda pode ser actualizada até 1/15 do VPT:

- A renda mantém-se se já for igual ou superior a 1/15 do VPT
- A actualização da renda não pode ultrapassar anualmente 20% do valor da diferença entre 1/15 do VPT e da renda anterior à actualização

* O regime legal indicado neste quadro foi criado pela lei 13/2019 de 12 de Fevereiro

Quadro 9
Contratos não habitacionais

QUADRO GERAL

Contratos Não Habitacionais

Actualização da Renda

⇩

Renda
Aplica-se o regime das rendas para a habitação (Quadros 2 a 5)

⇩

Falta de resposta do inquilino

Regime do Quadro 2

Aceitação do inquilino

Regime do Quadro 3

Denúncia do inquilino

Regime do Quadro 4

Oposição do inquilino

Regime do Quadro 5

Tipo e Duração do Contrato

⇩

Contrato

⇩

No silêncio ou falta de acordo, o contrato transita para o NRAU no **prazo de cinco anos**

(ver **excepções** no quadro seguinte)

Quadro 10
O inquilino invoca regimes de excepção
Contratos não habitacionais
REGIMES DE EXCEPÇÃO

Contratos Não Habitacionais

⇓

Inquilino invoca e prova que no locado existe:

Casa fruída por república de estudantes

Estabelecimento comercial
Aberto ao público que é microempresa

⇓

Microempresa
Empresa (independentemente da sua forma jurídica) que preenche dois dos seguintes requisitos:
- balanço até € 2.000.000
- volume de negócios líquido até € 2.000.000
- número médio anual de empregados: 10

1) Pessoa colectiva privada sem fins lucrativos
- Regularmente constituída e não profissional
- Que se dedica a actividade cultural/recreativa/solidariedade social/desportiva
- Declarada de interesse público/nacional/municipal;

ou

2) Pessoa colectiva privada que prossiga actividade de interesse nacional

Estabelecimento ou entidade de interesse histórico e cultural ou social reconhecido pelo município

Na falta de acordo, o contrato só transita para o NRAU no fim do prazo de dez anos

⇒

No fim dos dez anos, o senhorio pode promover a transição para o NRAU

⇒

No silêncio ou falta de acordo, o contrato considera-se celebrado pelo prazo de cinco anos e a renda (já de 1/15) pode ser actualizada mediante a aplicação dos coeficientes legais publicados pelo Governo

LEGISLAÇÃO

CÓDIGO CIVIL[1]

LIVRO II
DIREITO DAS OBRIGAÇÕES

(...)

TÍTULO II
DOS CONTRATOS EM ESPECIAL

(...)

CAPÍTULO IV
LOCAÇÃO

SECÇÃO I
DISPOSIÇÕES GERAIS

ARTIGO 1022º
Noção

Locação é o contrato pelo qual uma das partes se obriga a proporcionar à outra o gozo temporário de uma coisa, mediante retribuição.

ARTIGO 1023º
Arrendamento e aluguer

A locação diz-se arrendamento quando versa sobre coisa imóvel, aluguer quando incide sobre coisa móvel.

[1] Os artigos do Código Civil têm a redacção das Leis nºs 6/2006 de 27 de Fevereiro, 31/2012 e 32/2012 de 14 de Agosto, 79/2014 de 19 de Dezembro, 42/2017 de 14 de Junho, 43/2017 de 14 de Junho, 12/2019 e 13/2019 de 12 de Fevereiro.

ARTIGO 1024º
A locação como acto de administração

1 – A locação constitui, para o locador, um acto de administração ordinária, excepto quando for celebrada por prazo superior a seis anos.

2 – O arrendamento de prédio indiviso feito pelo consorte ou consortes administradores só é válido quando os restantes comproprietários manifestem, por escrito e antes ou depois do contrato, o seu assentimento.

ARTIGO 1025º
Duração máxima

A locação não pode celebrar-se por mais de trinta anos; quando estipulada por tempo superior, ou como contrato perpétuo, considera-se reduzida àquele limite.

ARTIGO 1026º
Prazo supletivo

Na falta de estipulação, entende-se que o prazo de duração do contrato é igual à unidade de tempo a que corresponde a retribuição fixada, salvas as disposições especiais deste código.

ARTIGO 1027º
Fim do contrato

Se do contrato e respectivas circunstâncias não resultar o fim a que a coisa locada se destina, é permitido ao locatário aplicá-la a quaisquer fins lícitos, dentro da função normal das coisas de igual natureza.

ARTIGO 1028º
Pluralidade de fins

1 – Se uma ou mais coisas forem locadas para fins diferentes, sem subordinação de uns a outros, observar-se-á, relativamente a cada um deles, o regime respectivo.

2 – As causas de nulidade, anulabilidade ou resolução que respeitem a um dos fins não afectam a parte restante da locação, excepto se do contrato ou das circunstâncias que o acompanham não resultar a discriminação das coisas ou partes da coisa correspondentes às várias finalidades, ou estas forem solidárias entre si.

3 – Se, porém, um dos fins for principal e os outros subordinados, prevalecerá o regime correspondente ao fim principal; os outros regimes só são aplicáveis na medida em que não contrariem o primeiro e a aplicação deles se não mostre incompatível com o fim principal.

ARTIGO 1029º
Exigência de escritura pública

(Revogado.)

ARTIGO 1030º
Encargos da coisa locada

Os encargos da coisa locada, sem embargo de estipulação em contrário, recaem sobre o locador, a não ser que a lei os imponha ao locatário.

SECÇÃO II
OBRIGAÇÕES DO LOCADOR

ARTIGO 1031º
Enumeração

São obrigações do locador:

a) Entregar ao locatário a coisa locada;

b) Assegurar-lhe o gozo desta para os fins a que a coisa se destina.

ARTIGO 1032º
Vício da coisa locada

Quando a coisa locada apresentar vício que lhe não permita realizar cabalmente o fim a que é destinada, ou carecer de qualidades necessárias a esse fim ou asseguradas pelo locador, considera-se o contrato não cumprido:

a) Se o defeito datar, pelo menos, do momento da entrega e o locador não provar que o desconhecia sem culpa;

b) Se o defeito surgir posteriormente à entrega, por culpa do locador.

ARTIGO 1033º
Casos de irresponsabilidade do locador

O disposto no artigo anterior não é aplicável:

a) Se o locatário conhecia o defeito quando celebrou o contrato ou recebeu a coisa;

b) Se o defeito já existia ao tempo da celebração do contrato e era facilmente reconhecível, a não ser que o locador tenha assegurado a sua inexistência ou usado de dolo para o ocultar;

c) Se o defeito for da responsabilidade do locatário;

d) Se este não avisou do defeito o locador, como lhe cumpria.

ARTIGO 1034º
Ilegitimidade do locador ou deficiência do seu direito

1 – São aplicáveis as disposições dos dois artigos anteriores:

a) Se o locador não tiver a faculdade de proporcionar a outrem o gozo da coisa locada;

b) Se o seu direito não for de propriedade ou estiver sujeito a algum ónus ou limitação que exceda os limites normais inerentes a este direito;

c) Se o direito do locador não possuir os atributos que ele assegurou ou estes atributos cessarem posteriormente por culpa dele.

2 – As circunstâncias descritas no número antecedente só importam a falta de cumprimento do contrato quando determinarem a privação, definitiva ou temporária, do gozo da coisa ou a diminuição dele por parte do locatário.

ARTIGO 1035º
Anulabilidade por erro ou dolo

O disposto nos artigos 1032º e 1034º não obsta à anulação do contrato por erro ou por dolo, nos termos gerais.

ARTIGO 1036º
Reparações ou outras despesas urgentes

1 – Se o locador estiver em mora quanto à obrigação de fazer reparações ou outras despesas, e umas ou outras, pela sua urgência, se não compadecerem com as delongas do procedimento judicial, tem o locatário a possibilidade de fazê-las extrajudicialmente, com direito ao seu reembolso.

2 – Quando a urgência não consinta qualquer dilação, o locatário pode fazer as reparações ou despesas, também com direito a reembolso, independentemente de mora do locador, contanto que o avise ao mesmo tempo.

ARTIGO 1037º
Actos que impedem ou diminuem o gozo da coisa

1 – Não obstante convenção em contrário, o locador não pode praticar actos que impeçam ou diminuam o gozo da coisa pelo locatário, com excepção dos que a lei ou os usos facultem ou o próprio locatário consinta em cada caso, mas não tem obrigação de assegurar esse gozo contra actos de terceiro.

2 – O locatário que for privado da coisa ou perturbado no exercício dos seus direitos pode usar, mesmo contra o locador, dos meios facultados ao possuidor nos artigos 1276º e seguintes.

SECÇÃO III
OBRIGAÇÕES DO LOCATÁRIO

SUBSECÇÃO I
DISPOSIÇÃO GERAL

ARTIGO 1038º
Enumeração

São obrigações do locatário:

a) Pagar a renda ou aluguer;

b) Facultar ao locador o exame da coisa locada;

c) Não aplicar a coisa a fim diverso daqueles a que ela se destina;

d) Não fazer dela uma utilização imprudente;

e) Tolerar as reparações urgentes, bem como quaisquer obras ordenadas pela autoridade pública;

f) Não proporcionar a outrem o gozo total ou parcial da coisa por meio de cessão onerosa ou gratuita da sua posição jurídica, sublocação ou comodato, excepto se a lei o permitir ou o locador o autorizar;

g) Comunicar ao locador, dentro de quinze dias, a cedência do gozo da coisa por algum dos referidos títulos, quando permitida ou autorizada;

h) Avisar imediatamente o locador, sempre que tenha conhecimento de vícios na coisa, ou saiba que a ameaça algum perigo ou que terceiros se arrogam direitos em relação a ela, desde que o facto seja ignorado pelo locador;

i) Restituir a coisa locada findo o contrato.

SUBSECÇÃO II
PAGAMENTO DA RENDA OU ALUGUER

ARTIGO 1039º
Tempo e lugar do pagamento

1 – O pagamento da renda ou aluguer deve ser efectuado no último dia de vigência do contrato ou do período a que respeita, e no domicílio do locatário à data do vencimento, se as partes ou os usos não fixarem outro regime.

2 – Se a renda ou aluguer houver de ser pago no domicílio, geral ou particular, do locatário ou de procurador seu, e o pagamento não tiver sido efectuado, presume-se que o locador não veio nem mandou receber a prestação no dia do vencimento.

ARTIGO 1040º
Redução da renda ou aluguer

1 – Se, por motivo não atinente à sua pessoa ou à dos seus familiares, o locatário sofrer privação ou diminuição do gozo da coisa locada, haverá lugar a uma redução da renda ou aluguer proporcional ao tempo da privação ou diminuição e à extensão desta, sem prejuízo do disposto na secção anterior.

2 – Mas, se a privação ou diminuição não for imputável ao locador nem aos seus familiares, a redução só terá lugar no caso de uma ou outra exceder um sexto da duração do contrato.

3 – Consideram-se familiares os parentes, afins ou serviçais que vivam habitualmente em comunhão de mesa e habitação com o locatário ou o locador.

ARTIGO 1041º
Mora do locatário

1 – Constituindo-se o locatário em mora, o locador tem o direito de exigir, além das rendas ou alugueres em atraso, uma indemnização igual a 20% do que for devido, salvo se o contrato for resolvido com base na falta de pagamento.

2 – Cessa o direito à indemnização ou à resolução do contrato, se o locatário fizer cessar a mora no prazo de oito dias a contar do seu começo.

3 – Enquanto não forem cumpridas as obrigações a que o nº 1 se refere, o locador tem o direito de recusar o recebimento das rendas ou alugueres seguintes, os quais são considerados em dívida para todos os efeitos.

4 – A receção de novas rendas ou alugueres não priva o locador do direito à resolução do contrato ou à indemnização referida, com base nas prestações em mora.

5 — Caso exista fiança e o arrendatário não faça cessar a mora nos termos do nº 2, o senhorio deve, nos 90 dias seguintes, notificar o fiador da mora e das quantias em dívida.

6 — O senhorio apenas pode exigir do fiador a satisfação dos seus direitos de crédito após efetuar a notificação prevista no número anterior.

7 — Em contratos sujeitos ao regime de arrendamento apoiado, o senhorio pode, no âmbito de acordo de regularização de dívida, reduzir ou dispensar a indemnização prevista no nº 1, sem prejuízo do direito à resolução do contrato e à cobrança de juros de mora, em caso de incumprimento do acordo.

ARTIGO 1042º
Cessação da mora

1 – O locatário pode pôr fim à mora oferecendo ao locador o pagamento das rendas ou alugueres em atraso, bem como a indemnização fixada no nº 1 do artigo anterior.

2 – Perante a recusa do locador em receber as correspondentes importâncias, pode o locatário recorrer à consignação em depósito.

SUBSECÇÃO III
RESTITUIÇÃO DA COISA LOCADA

ARTIGO 1043º
Dever de manutenção e restituição da coisa

1 – Na falta de convenção, o locatário é obrigado a manter e restituir a coisa no estado em que a recebeu, ressalvadas as deteriorações inerentes a uma prudente utilização, em conformidade com os fins do contrato.

2 – Presume-se que a coisa foi entregue ao locatário em bom estado de manutenção, quando não exista documento onde as partes tenham descrito o estado dela ao tempo da entrega.

ARTIGO 1044º
Perda ou deterioração da coisa

O locatário responde pela perda ou deteriorações da coisa, não exceptuadas no artigo anterior, salvo se resultarem de causa que lhe não seja imputável nem a terceiro a quem tenha permitido a utilização dela.

ARTIGO 1045º
Indemnização pelo atraso na restituição da coisa

1 – Se a coisa locada não for restituída, por qualquer causa, logo que finde o contrato, o locatário é obrigado, a título de indemnização, a pagar até ao momento da restituição a renda ou aluguer que as partes tenham estipulado, excepto se houver fundamento para consignar em depósito a coisa devida.

2 – Logo, porém, que o locatário se constitua em mora, a indemnização é elevada ao dobro.

ARTIGO 1046º
Indemnização de despesas e levantamento de benfeitorias

1 – Fora dos casos previstos no artigo 1036º, e salvo estipulação em contrário, o locatário é equiparado ao possuidor de má fé quanto a benfeitorias que haja feito na coisa locada.

2 – Tratando-se de aluguer de animais, as despesas de alimentação destes correm sempre, na falta de estipulação em contrário, por conta do locatário.

SECÇÃO IV
RESOLUÇÃO E CADUCIDADE DO CONTRATO

SUBSECÇÃO I
RESOLUÇÃO

ARTIGO 1047º
Resolução

A resolução do contrato de locação pode ser feita judicial ou extrajudicialmente.

ARTIGO 1048º
Falta de pagamento da renda ou aluguer

1 – O direito à resolução do contrato por falta de pagamento da renda ou aluguer, quando for exercido judicialmente, caduca logo que o locatário, até ao termo do prazo para a contestação da ação declarativa, pague, deposite ou consigne em depósito as somas devidas e a indemnização referida no nº 1 do artigo 1041º.

2 – O locatário só pode fazer uso da faculdade referida no número anterior uma única vez, com referência a cada contrato.

3 – O regime previsto nos números anteriores aplica-se ainda à falta de pagamento de encargos e despesas que corram por conta do locatário.

4 – Ao direito à resolução do contrato por falta de pagamento da renda ou aluguer, quando for exercido extrajudicialmente, é aplicável, com as necessárias adaptações, o disposto nos nºs 3 e 4 do artigo 1084º.

ARTIGO 1049º
Cedência do gozo da coisa

O locador não tem direito à resolução do contrato com fundamento na violação do disposto nas alíneas *f)* e g) do artigo 1038º, se tiver reconhecido o beneficiário da cedência como tal, ou ainda, no caso da alínea *g)*, se a comunicação lhe tiver sido feita por este.

ARTIGO 1050º
Resolução do contrato pelo locatário

O locatário pode resolver o contrato, independentemente de responsabilidade do locador:

a) Se, por motivo estranho à sua própria pessoa ou à dos seus familiares, for privado do gozo da coisa, ainda que só temporariamente;

b) Se na coisa locada existir ou sobrevier defeito que ponha em perigo a vida ou a saúde do locatário ou dos seus familiares.

SUBSECÇÃO II
CADUCIDADE

ARTIGO 1051º
Casos de caducidade

O contrato de locação caduca:

a) Findo o prazo estipulado ou estabelecido por lei;

b) Verificando-se a condição a que as partes o subordinaram, ou tornando-se certo que não pode verificar-se, conforme a condição seja resolutiva ou suspensiva;

c) Quando cesse o direito ou findem os poderes legais de administração com base nos quais o contrato foi celebrado;

d) Por morte do locatário ou, tratando-se de pessoa colectiva, pela extinção desta, salvo convenção escrita em contrário;

e) Pela perda da coisa locada;

f) Pela expropriação por utilidade pública, salvo quando a expropriação se compadeça com a subsistência do contrato;

g) Pela cessação dos serviços que determinaram a entrega da coisa locada.

ARTIGO 1052º
Excepções

O contrato de locação não caduca:

a) Se for celebrado pelo usufrutuário e a propriedade se consolidar na sua mão;

b) Se o usufrutuário alienar o seu direito ou renunciar a ele, pois nestes casos o contrato só caduca pelo termo normal do usufruto;

c) Se for celebrado pelo cônjuge administrador.

ARTIGO 1053º
Despejo do prédio

Em qualquer dos casos de caducidade previstos nas alíneas *b)* e seguintes do artigo 1051º, a restituição do prédio, tratando-se de arrendamento, só pode ser exigida passados seis meses sobre a verificação do facto que determina a caducidade ou, sendo o arrendamento rural, no fim do ano agrícola em curso no termo do referido prazo.

ARTIGO 1054º
Renovação do contrato

1 – Findo o prazo do arrendamento, o contrato renova-se por períodos sucessivos se nenhuma das partes se tiver oposto à renovação no tempo e pela forma convencionados ou designados na lei.

2 – O prazo da renovação é igual ao do contrato; mas é apenas de um ano, se o prazo do contrato for mais longo.

ARTIGO 1055º
Oposição à renovação

1 – A oposição à renovação tem de ser comunicada ao outro contraente com a antecedência mínima seguinte:

a) 120 dias, se o prazo de duração inicial do contrato ou da sua renovação for igual ou superior a seis anos;

b) 60 dias, se o prazo de duração inicial do contrato ou da sua renovação for igual ou superior a um ano e inferior a seis anos;

c) 30 dias, se o prazo de duração inicial do contrato ou da sua renovação for igual ou superior a três meses e inferior a um ano;

d) Um terço do prazo de duração inicial do contrato ou da sua renovação, tratando-se de prazo inferior a três meses.

2 – A antecedência a que se refere o número anterior reporta-se ao termo do prazo de duração inicial do contrato ou da sua renovação.

ARTIGO 1056º
Outra causa de renovação

Se, não obstante a caducidade do arrendamento, o locatário se mantiver no gozo da coisa pelo lapso de um ano, sem oposição do locador, o contrato considera-se igualmente renovado nas condições do artigo 1054º.

SECÇÃO V
TRANSMISSÃO DA POSIÇÃO CONTRATUAL

ARTIGO 1057º
Transmissão da posição do locador

O adquirente do direito com base no qual foi celebrado o contrato sucede nos direitos e obrigações do locador, sem prejuízo das regras do registo.

ARTIGO 1058º
Liberação ou cessão de rendas ou alugueres

A liberação ou cessão de rendas ou alugueres não vencidos é inoponível ao sucessor entre vivos do locador, na medida em que tais rendas ou alugueres respeitem a períodos de tempo não decorridos à data da sucessão.

ARTIGO 1059º
Transmissão da posição do locatário

1 – A posição contratual do locatário é transmissível por morte dele ou, tratando-se de pessoa colectiva, pela extinção desta, se assim tiver sido convencionado por escrito.

2 – A cessão da posição do locatário está sujeita ao regime geral dos artigos 424º e seguintes, sem prejuízo das disposições especiais deste capítulo.

SECÇÃO VI
SUBLOCAÇÃO

ARTIGO 1060º
Noção

A locação diz-se sublocação, quando o locador a celebra com base no direito de locatário que lhe advém de um precedente contrato locativo.

ARTIGO 1061º
Efeitos

A sublocação só produz efeitos em relação ao locador ou a terceiros a partir do seu reconhecimento pelo locador ou da comunicação a que se refere a alínea g) do artigo 1038º.

ARTIGO 1062º
Limite da renda ou aluguer

O locatário não pode cobrar do sublocatário renda ou aluguer superior ou proporcionalmente superior ao que é devido pelo contrato de locação, aumentado de vinte por cento, salvo se outra coisa tiver sido convencionada com o locador.

ARTIGO 1063º
Direitos do locador em relação ao sublocatário

Se tanto o locatário como o sublocatário estiverem em mora quanto às respectivas dívidas de renda ou aluguer, é lícito ao locador exigir do sublocatário o que este dever, até ao montante do seu próprio crédito.

SECÇÃO VII
ARRENDAMENTO DE PRÉDIOS URBANOS

SUBSECÇÃO I
DISPOSIÇÕES GERAIS

ARTIGO 1064º
Âmbito

A presente secção aplica-se ao arrendamento, total ou parcial, de prédios urbanos e, ainda, a outras situações nela previstas.

ARTIGO 1065º
Imóveis mobilados e acessórios

A locação de imóveis mobilados e seus acessórios presume-se unitária, originando uma única renda e submetendo-se à presente secção.

ARTIGO 1066º
Arrendamentos mistos

1 – O arrendamento conjunto de uma parte urbana e de uma parte rústica é havido por urbano quando essa seja a vontade dos contratantes.

2 – Na dúvida, atende-se, sucessivamente, ao fim principal do contrato e à renda que os contratantes tenham atribuído a cada uma delas.

3 – Na falta ou insuficiência de qualquer dos critérios referidos no número anterior, o arrendamento tem-se por urbano.

ARTIGO 1067º
Fim do contrato

1 – O arrendamento urbano pode ter fim habitacional ou não habitacional.

2 – Quando nada se estipule, o local arrendado pode ser gozado no âmbito das suas aptidões, tal como resultem da licença de utilização.

3 – Na falta de licença de utilização, o arrendamento vale como habitacional se o local for habitável ou como não habitacional se o não for, salvo se outro destino lhe tiver vindo a ser dado.

ARTIGO 1067º-A
Não discriminação no acesso ao arrendamento

1 – Ninguém pode ser discriminado no acesso ao arrendamento em razão de sexo, ascendência ou origem étnica, língua, território de origem, nacionalidade, religião, crença, convicções políticas ou ideológicas, género, orientação sexual, idade ou deficiência.

2 – O anúncio de oferta de imóvel para arrendamento e outra forma de publicidade ligada à disponibilização de imóveis para arrendamento não pode conter qualquer restrição, especificação ou preferência baseada em categorias discriminatórias violadoras do disposto no número anterior.

ARTIGO 1068º
Comunicabilidade

O direito do arrendatário comunica-se ao seu cônjuge, nos termos gerais e de acordo com o regime de bens vigente.

SUBSECÇÃO II
CELEBRAÇÃO

ARTIGO 1069º
Forma

1 – O contrato de arrendamento urbano deve ser celebrado por escrito.

2 – Na falta de redução a escrito do contrato de arrendamento que não seja imputável ao arrendatário, este pode provar a existência de título por qualquer forma admitida em direito, demonstrando a utilização do locado pelo arrendatário sem oposição do senhorio e o pagamento mensal da respetiva renda por um período de seis meses.

ARTIGO 1070º
Requisitos de celebração

1 – O arrendamento urbano só pode recair sobre locais cuja aptidão para o fim do contrato seja atestada pelas entidades competentes, designadamente através de licença de utilização, quando exigível.

2 – Diploma próprio regula o requisito previsto no número anterior e define os elementos que o contrato de arrendamento urbano deve conter.

SUBSECÇÃO III
DIREITOS E OBRIGAÇÕES DAS PARTES

DIVISÃO I
OBRIGAÇÕES NÃO PECUNIÁRIAS

ARTIGO 1071º
Limitações ao exercício do direito

Os arrendatários estão sujeitos às limitações impostas aos proprietários de coisas imóveis, tanto nas relações de vizinhança como nas relações entre arrendatários de partes de uma mesma coisa.

ARTIGO 1072º
Uso efetivo do locado

1 – O arrendatário deve usar efetivamente a coisa para o fim contratado, não deixando de a utilizar por mais de um ano.

2 – O não uso pelo arrendatário é lícito:

a) Em caso de força maior ou de doença;

b) Se a ausência, não perdurando há mais de dois anos, for devida ao cumprimento de deveres militares ou profissionais do próprio, do cônjuge ou de quem viva com o arrendatário em união de facto;

c) Se a utilização for mantida por quem, tendo direito a usar o locado, o fizesse há mais de um ano;

d) Se a ausência se dever à prestação de apoios continuados a pessoas com deficiência com grau de incapacidade igual ou superior a 60% incluindo familiares.

ARTIGO 1073º
Deteriorações lícitas

1 – É lícito ao arrendatário realizar pequenas deteriorações no prédio arrendado quando elas se tornem necessárias para assegurar o seu conforto ou comodidade.

2 – As deteriorações referidas no número anterior devem, no entanto, ser reparadas pelo arrendatário antes da restituição do prédio, salvo estipulação em contrário.

ARTIGO 1074º
Obras

1 – Cabe ao senhorio executar todas as obras de conservação, ordinárias ou extraordinárias, requeridas pelas leis vigentes ou pelo fim do contrato, salvo estipulação em contrário.

2 – O arrendatário apenas pode executar quaisquer obras quando o contrato o faculte ou quando seja autorizado, por escrito, pelo senhorio.

3 – Exceptuam-se do disposto no número anterior as situações previstas no artigo 1036º e no artigo 22º-A do regime jurídico das obras em prédios arrendados, aprovado pelo Decreto Lei nº 157/2006, de 8 de agosto.

4 – *(Revogado)*

5 – Salvo estipulação em contrário, o arrendatário tem direito, no final do contrato, a compensação pelas obras licitamente feitas, nos termos aplicáveis às benfeitorias realizadas por possuidor de boa fé.

DIVISÃO II
RENDA E ENCARGOS

ARTIGO 1075º
Disposições gerais

1 – A renda corresponde a uma prestação pecuniária periódica.

2 – Na falta de convenção em contrário, se as rendas estiverem em correspondência com os meses do calendário gregoriano, a primeira vencer-se-á no momento da celebração do contrato e cada uma das restantes no primeiro dia útil do mês imediatamente anterior àquele a que diga respeito.

ARTIGO 1076º
Antecipação de rendas

1 – O pagamento da renda pode ser antecipado, havendo acordo escrito, por período não superior a três meses.

2 – As partes podem caucionar, por qualquer das formas legalmente previstas, o cumprimento das obrigações respectivas.

ARTIGO 1077º
Actualização de rendas

1 – As partes estipulam, por escrito, a possibilidade de atualização da renda e o respectivo regime.

2 – Na falta de estipulação, aplica-se o seguinte regime:

a) A renda pode ser actualizada anualmente, de acordo com os coeficientes de atualização vigentes;

b) A primeira atualização pode ser exigida um ano após o início da vigência do contrato e as seguintes, sucessivamente, um ano após a atualização anterior;

c) O senhorio comunica, por escrito e com a antecedência mínima de 30 dias, o coeficiente de atualização e a nova renda dele resultante;

d) A não atualização prejudica a recuperação dos aumentos não feitos, podendo, todavia, os coeficientes ser aplicados em anos posteriores, desde que não tenham passado mais de três anos sobre a data em que teria sido inicialmente possível a sua aplicação.

ARTIGO 1078º
Encargos e despesas

1 – As partes estipulam, por escrito, o regime dos encargos e despesas, aplicando-se, na falta de estipulação em contrário, o disposto nos números seguintes.

2 – Os encargos e despesas correntes respeitantes ao fornecimento de bens ou serviços relativos ao local arrendado correm por conta do arrendatário.

3 – No arrendamento de fração autónoma, os encargos e despesas referentes à administração, conservação e fruição de partes comuns do edifício, bem como o pagamento de serviços de interesse comum, correm por conta do senhorio.

4 – Os encargos e despesas devem ser contratados em nome de quem for responsável pelo seu pagamento.

5 – Sendo o arrendatário responsável por um encargo ou despesa contratado em nome do senhorio, este apresenta, no prazo de um mês, o comprovativo do pagamento feito.

6 – No caso previsto no número anterior, a obrigação do arrendatário vence-se no final do mês seguinte ao da comunicação pelo senhorio, devendo ser cumprida simultaneamente com a renda subsequente.

7 – Se as partes acordarem uma quantia fixa mensal a pagar por conta dos encargos e despesas, os acertos são feitos semestralmente.

SUBSECÇÃO IV
CESSAÇÃO

DIVISÃO I
DISPOSIÇÕES COMUNS

ARTIGO 1079º
Formas de cessação

O arrendamento urbano cessa por acordo das partes, resolução, caducidade, denúncia ou outras causas previstas na lei.

ARTIGO 1080º
Imperatividade

As normas sobre a resolução, a caducidade e a denúncia do arrendamento urbano têm natureza imperativa, salvo disposição legal em contrário.

ARTIGO 1081º
Efeitos da cessação

1 – A cessação do contrato torna imediatamente exigível, salvo se outro for o momento legalmente fixado ou acordado pelas partes, a desocupação do local e a sua entrega, com as reparações que incumbam ao arrendatário.

2 – Com antecedência não superior a três meses sobre a obrigação de desocupação do local, o senhorio pode exigir ao arrendatário a colocação de escritos, quando correspondam aos usos da terra.

3 – O arrendatário deve, em qualquer caso, mostrar o local a quem o pretender tomar de arrendamento durante os três meses anteriores à desocupação, em horário acordado com o senhorio.

4 – Na falta de acordo, o horário é, nos dias úteis, das 17 horas e 30 minutos às 19 horas e 30 minutos e, aos sábados e domingos, das 15 às 19 horas.

DIVISÃO II
CESSAÇÃO POR ACORDO ENTRE AS PARTES

ARTIGO 1082º
Revogação

1 – As partes podem, a todo o tempo, revogar o contrato, mediante acordo a tanto dirigido.

2 – O acordo referido no número anterior é celebrado por escrito quando não seja imediatamente executado ou quando contenha cláusulas compensatórias ou outras cláusulas acessórias.

DIVISÃO III

RESOLUÇÃO

ARTIGO 1083º

Fundamento da resolução

1 – Qualquer das partes pode resolver o contrato, nos termos gerais de direito, com base em incumprimento pela outra parte.

2 – É fundamento de resolução o incumprimento que, pela sua gravidade ou consequências, torne inexigível à outra parte a manutenção do arrendamento, designadamente, quanto à resolução pelo senhorio:

a) A violação de regras de higiene, de sossego, de boa vizinhança ou de normas constantes do regulamento do condomínio;

b) A utilização do prédio contrária à lei, aos bons costumes ou à ordem pública;

c) O uso do prédio para fim diverso daquele a que se destina, ainda que a alteração do uso não implique maior desgaste ou desvalorização para o prédio;

d) O não uso do locado por mais de um ano, salvo nos casos previstos no nº 2 o artigo 1072º;

e) A cessão, total ou parcial, temporária ou permanente e onerosa ou gratuita do gozo do prédio, quando ilícita, inválida ou ineficaz perante o senhorio.

3 – É inexigível ao senhorio a manutenção do arrendamento em caso de mora igual ou superior a três meses no pagamento da renda, encargos ou despesas que corram por conta do arrendatário ou de oposição por este à realização de obra ordenada por autoridade pública, sem prejuízo do disposto nos nºs 3 a 5 do artigo seguinte.

4 – É ainda inexigível ao senhorio a manutenção do arrendamento no caso de o arrendatário se constituir em mora superior a oito dias, no pagamento da renda, por mais de quatro vezes, seguidas ou interpoladas, num período de doze meses, com referência a cada contrato, não sendo aplicável o disposto nos nºs 3 e 4 do artigo seguinte.

5 – É fundamento de resolução pelo arrendatário, designadamente, a não realização pelo senhorio de obras que a este caibam, quando tal omissão comprometa a habitabilidade do locado e, em geral, a aptidão deste para o uso previsto no contrato.

6 – No caso previsto no nº 4, o senhorio apenas pode resolver o contrato se tiver informado o arrendatário, por carta registada com aviso de receção, após o terceiro atraso no pagamento da renda, de que é sua intenção pôr fim ao arrendamento naqueles termos.

ARTIGO 1084º
Modo de operar

1 – A resolução pelo senhorio com fundamento numa das causas previstas no nº 2 do artigo anterior é decretada nos termos da lei de processo.

2 – A resolução pelo senhorio quando fundada em causa prevista nos nºs 3 e 4 do artigo anterior bem como a resolução pelo arrendatário operam por comunicação à contraparte, onde fundamentadamente se invoque a obrigação incumprida.

3 – A resolução pelo senhorio, quando opere por comunicação à contraparte e se funde na falta de pagamento da renda, encargos ou despesas que corram por conta do arrendatário, nos termos do nº 3 do artigo anterior, fica sem efeito se o arrendatário puser fim à mora no prazo de um mês.

4 – O arrendatário só pode fazer uso da faculdade referida no número anterior uma única vez, com referencia a cada contrato.

5 – Fica sem efeito a resolução fundada na oposição pelo arrendatário à realização de obra ordenada por autoridade pública se, no prazo de 60 dias, cessar essa oposição.

ARTIGO 1085º
Caducidade do direito de resolução

1 – A resolução deve ser efectivada dentro do prazo de um ano a contar do conhecimento do fato que lhe serve de fundamento, sob pena de caducidade.

2 – O prazo referido no número anterior é reduzido para 3 meses quando o fundamento da resolução seja o previsto nos nºs 3 ou 4 do artigo 1083º.

3 - Quando se trate de fato continuado ou duradouro, o prazo não se completa antes de decorrido um ano da sua cessação.

ARTIGO 1086º
Cumulações

1 – A resolução é cumulável com a denúncia ou com a oposição à renovação, podendo prosseguir a discussão a ela atinente mesmo depois da cessação do contrato, com a finalidade de apurar as consequências que ao caso caibam.

2 – A resolução é igualmente cumulável com a responsabilidade civil.

ARTIGO 1087º
Desocupação

A desocupação do locado, nos termos do artigo 1081º, é exigível após o decurso de um mês a contar da resolução se outro prazo não for judicialmente fixado ou acordado pelas partes.

SUBSECÇÃO V
SUBARRENDAMENTO

ARTIGO 1088º
Autorização do senhorio

1 – A autorização para subarrendar o prédio deve ser dada por escrito.

2 – O subarrendamento não autorizado considera-se, todavia, ratificado pelo senhorio se ele reconhecer o subarrendatário como tal.

ARTIGO 1089º
Caducidade

O subarrendamento caduca com a extinção, por qualquer causa, do contrato de arrendamento, sem prejuízo da responsabilidade do sublocador para com o sublocatário, quando o motivo da extinção lhe seja imputável.

ARTIGO 1090º
Direitos do senhorio em relação ao subarrendatário

1 – Sendo total o subarrendamento, o senhorio pode substituir-se ao arrendatário, mediante notificação judicial, considerando-se resolvido o primitivo arrendamento e passando o subarrendatário a arrendatário direto.

2 – Se o senhorio receber alguma renda do subarrendatário e lhe passar recibo depois da extinção do arrendamento, é o subarrendatário havido como arrendatário direto.

SUBSECÇÃO VI
DIREITO DE PREFERÊNCIA

ARTIGO 1091º
Regra geral

1 – O arrendatário tem direito de preferência:

a) Na compra e venda ou dação em cumprimento do local arrendado há mais de três anos;

b) Na celebração de novo contrato de arrendamento, em caso de caducidade do seu contrato por ter cessado o direito ou terem findado os poderes legais de administração com base nos quais o contrato fora celebrado.

2 – O direito previsto na alínea *b)* existe enquanto não for exigível a restituição do prédio, nos termos do artigo 1053º.

3 – O direito de preferência do arrendatário é graduado imediatamente acima do direito de preferência conferido ao proprietário do solo pelo artigo 1535º.

4 – É aplicável, com as necessárias adaptações, o disposto nos artigos 416º a 418º e 1410º.

SUBSECÇÃO VII

DISPOSIÇÕES ESPECIAIS DO ARRENDAMENTO PARA HABITAÇÃO

DIVISÃO I

ÂMBITO DO CONTRATO

ARTIGO 1092º

Indústrias domésticas

1 – No uso residencial do prédio arrendado inclui-se, salvo cláusula em contrário, o exercício de qualquer indústria doméstica, ainda que tributada.

2 – É havida como doméstica a indústria explorada na residência do arrendatário que não ocupe mais de três auxiliares assalariados.

ARTIGO 1093º

Pessoas que podem residir no local arrendado

1 – Nos arrendamentos para habitação podem residir no prédio, além do arrendatário:

a) Todos os que vivam com ele em economia comum;

b) Um máximo de três hóspedes, salvo cláusula em contrário.

2 – Consideram-se sempre como vivendo com o arrendatário em economia comum a pessoa que com ele viva em união de fato, os seus parentes ou afins na linha recta ou até ao 3º grau da linha colateral, ainda que paguem alguma retribuição, e bem assim as pessoas relativamente às quais, por força da lei ou de negócio jurídico que não respeite directamente à habitação, haja obrigação de convivência ou de alimentos.

3 – Consideram-se hóspedes as pessoas a quem o arrendatário proporcione habitação e preste habitualmente serviços relacionados com esta, ou forneça alimentos, mediante retribuição.

DIVISÃO II

DURAÇÃO

ARTIGO 1094º

Tipos de contratos

1 – O contrato de arrendamento urbano para habitação pode celebrar-se com prazo certo ou por duração indeterminada.

2 – No contrato com prazo certo pode convencionar-se que, após a primeira renovação, o arrendamento tenha duração indeterminada.

3 – No silêncio das partes, o contrato considera-se celebrado por prazo certo, pelo período de cinco anos.

SUBDIVISÃO I

CONTRATO COM PRAZO CERTO

ARTIGO 1095º
Estipulação de prazo certo

1 – O prazo deve constar de cláusula inserida no contrato.

2 – O prazo referido no número anterior não pode, contudo, ser inferior a um nem superior a 30 anos, considerando-se automaticamente ampliado ou reduzido aos referidos limites mínimo e máximo quando, respetivamente, fique aquém do primeiro ou ultrapasse o segundo.

3 – O limite mínimo previsto no número anterior não se aplica aos contratos para habitação não permanente ou para fins especiais transitórios, designadamente por motivos profissionais, de educação e formação ou turísticos, neles exarados.

ARTIGO 1096º
Renovação automática

1 – Salvo estipulação em contrário, o contrato celebrado com prazo certo renova-se automaticamente no seu termo e por períodos sucessivos de igual duração ou de três anos se esta for inferior, sem prejuízo do disposto no número seguinte.

2 – Salvo estipulação em contrário, não há lugar a renovação automática nos contratos previstos nº 3 do artigo anterior.

3 – Qualquer das partes pode opor-se à renovação, nos termos dos artigos seguintes.

ARTIGO 1097º
Oposição à renovação deduzida pelo senhorio

1 – O senhorio pode impedir a renovação automática do contrato mediante comunicação ao arrendatário com a antecedência mínima seguinte:

a) 240 dias, se o prazo de duração inicial do contrato ou da sua renovação for igual ou superior a seis anos;

b) 120 dias, se o prazo de duração inicial do contrato ou da sua renovação for igual ou superior a um ano e inferior a seis anos;

c) 60 dias, se o prazo de duração inicial do contrato ou da sua renovação for igual ou superior a seis meses e inferior a um ano;

d) Um terço do prazo de duração inicial do contrato ou da sua renovação, tratando-se de prazo inferior a seis meses.

2 – A antecedência a que se refere o número anterior reporta-se ao termo do prazo de duração inicial do contrato ou da sua renovação.

3 – A oposição à primeira renovação do contrato, por parte do senhorio, apenas produz efeitos decorridos três anos da celebração do mesmo, mantendo-se o contrato em vigor até essa data, sem prejuízo do disposto no número seguinte.

4 – Excetua-se do número anterior a necessidade de habitação pelo próprio ou pelos seus descendentes em 1º grau, aplicando-se, com as devidas adaptações, o disposto no artigo 1102º e nos nºs 1, 5 e 9 do artigo 1103º.

ARTIGO 1098º
Oposição à renovação ou denúncia pelo arrendatário

1 – O arrendatário pode impedir a renovação automática mediante comunicação ao senhorio com a antecedência mínima seguinte:

a) 120 dias, se o prazo de duração inicial do contrato ou da sua renovação for igual ou superior a seis anos;

b) 90 dias, se o prazo de duração inicial do contrato ou da sua renovação for igual ou superior a um ano e inferior a seis anos;

c) 60 dias, e o prazo de duração inicial do contrato ou da sua renovação for igual ou superior a seis meses e inferior a um ano;

d) Um terço do prazo de duração inicial do contrato ou da sua renovação, tratando-se de prazo inferior a seis meses.

2 – A antecedência a que se refere o número anterior reporta-se ao termo do prazo de duração inicial do contrato ou da sua renovação.

3 – Sem prejuízo do disposto no número seguinte, decorrido um terço do prazo de duração inicial do contrato ou da sua renovação, o arrendatário pode denunciá-lo a todo o tempo, mediante comunicação ao senhorio com a antecedência mínima seguinte:

a) 120 dias do termo pretendido do contrato, se o prazo deste for igual ou superior a um ano;

b) 60 dias do termo pretendido do contrato, se o prazo deste for inferior a um ano.

4 – Quando o senhorio impedir a renovação automática do contrato, nos termos do artigo anterior, o arrendatário pode denunciá-lo a todo o tempo, mediante comunicação ao senhorio com uma antecedência não inferior a trinta dias do termo pretendido do contrato.

5 – A denúncia do contrato, nos termos dos nºs 3 e 4, produz efeitos no final de um mês do calendário gregoriano, a contar da comunicação.

6 – A inobservância da antecedência prevista nos números anteriores não obsta à cessação do contrato, mas obriga ao pagamento das rendas correspondentes ao período de pré-aviso em falta, exceto se resultar de desemprego involuntário, incapacidade permanente para o trabalho ou morte do arrendatário ou de pessoa que com este viva em economia comum há mais de um ano.

SUBDIVISÃO II

CONTRATO DE DURAÇÃO INDETERMINADA

ARTIGO 1099º
Princípio geral

O contrato de duração indeterminada cessa por denúncia de uma das partes, nos termos dos artigos seguintes.

ARTIGO 1100º
Denúncia pelo arrendatário

1 – Sem prejuízo do disposto no número seguinte, após seis meses de duração efetiva do contrato, o arrendatário pode denunciá-lo, independentemente de qualquer justificação, mediante comunicação ao senhorio com a antecedência mínima seguinte:

a) 120 dias do termo pretendido do contrato, se, à data da comunicação, este tiver um ano ou mais de duração efetiva;

b) 60 dias do termo do pretendido do contrato, se, à data da comunicação, este tiver até um ano de duração efetiva.

2 – Quando o senhorio impedir a renovação automática do contrato, nos termos da alínea *c)* do artigo anterior, o arrendatário pode denunciá-lo, independentemente de qualquer justificação, mediante comunicação ao senhorio com antecedência não inferior a 30 dias do termo pretendido do contrato.

3 – A denúncia do contrato, nos termos dos números anteriores, produz efeitos no final de um mês do calendário gregoriano, a contar da comunicação.

4 – À denúncia pelo arrendatário é aplicável, com as necessárias adaptações, o disposto no nº 6 do artigo 1098º.

ARTIGO 1101º
Denúncia pelo senhorio

O senhorio pode denunciar o contrato de duração indeterminada nos casos seguintes:

a) Necessidade de habitação pelo próprio ou pelos seus descendentes em primeiro grau;

b) Para demolição ou realização de obra de remodelação ou restauro profundos que obriguem à desocupação do locado, desde que não resulte local com características equivalentes às do locado, onde seja possível a manutenção do arrendamento;

c) Mediante comunicação ao arrendatário com antecedência não inferior a cinco anos sobre a data em que pretenda a cessação.

ARTIGO 1102º
Denúncia para habitação

1 – O direito de denúncia para habitação do senhorio depende do pagamento do montante equivalente a um ano de renda e da verificação dos seguintes requisitos:

a) Ser o senhorio proprietário, comproprietário ou usufrutuário do prédio há mais de dois anos ou, independentemente deste prazo, se o tiver adquirido por sucessão;

b) Não ter o senhorio, há mais de um ano, na área dos concelhos de Lisboa ou do Porto e seus limítrofes ou no respetivo concelho quanto ao resto do País casa própria que satisfaça as necessidades de habitação própria ou dos seus descendentes em primeiro grau.

2 – O direito de denúncia para habitação do descendente está sujeito à verificação do requisito previsto na alínea *a)* do nº 1 relativamente ao senhorio e do da alínea *b)* do mesmo número para o descendente.

ARTIGO 1103º
Denúncia justificada

1 – A denúncia pelo senhorio com qualquer dos fundamentos previstos nas alíneas *a)* e *b)* do artigo 1101º é feita mediante comunicação ao arrendatário com antecedência não inferior a seis meses sobre a data pretendida para a desocupação e da qual conste, de forma expressa e sob pena de ineficácia, o fundamento da denúncia.

2 – Quando a denúncia tiver o fundamento previsto na alínea *b)* do artigo 1101º, a comunicação referida no número anterior é acompanhada, sob pena de ineficácia da denúncia, dos seguintes documentos:

a) Comprovativo de que foi iniciado, junto da entidade competente, procedimento de controlo prévio da operação urbanística a efetuar no locado; e

b) Termo de responsabilidade do técnico autor do projeto legalmente habilitado que ateste que a operação urbanística reúne os pressupostos legais de uma obra de demolição ou de uma obra de remodelação ou restauro profundos e as razões que obrigam à desocupação do locado.

3 – A denúncia a que se refere o número anterior é confirmada, sob pena de ineficácia, mediante comunicação ao arrendatário, acompanhada dos seguintes documentos:

a) Alvará de licença de obras ou de título da comunicação prévia;

b) Documento emitido pela câmara municipal, que ateste que a operação urbanística constitui, nos termos da lei, uma obra de demolição ou uma obra de remodelação ou restauro profundos para efeitos de aplicação do disposto na alínea *b)* do artigo 1101º, quando tal não resulte do documento referido na alínea anterior.

4 – Na situação prevista no número anterior, a desocupação tem lugar no prazo de 60 dias contados da receção da confirmação, salvo se não se encontrar decorrido o prazo previsto no nº 1, caso em que a desocupação tem lugar até ao termo do último dos prazos.

5 – O senhorio que haja invocado o fundamento referido na alínea *a)* do artigo 1101º deve dar ao local a utilização invocada no prazo de três meses e por um período mínimo de dois anos.

6 – A invocação do disposto na alínea *b)* do artigo 1101º obriga o senhorio, mediante acordo e em alternativa:

a) Ao pagamento de uma indemnização correspondente a dois anos da renda, de valor não inferior a duas vezes o montante de 1/15 do valor patrimonial tributário do locado;

b) A garantir o realojamento do arrendatário por período não inferior a três anos.

7 – Caso as partes não cheguem a acordo no prazo de 30 dias a contar da receção da comunicação prevista no nº 1, aplica-se o disposto na alínea *a)* do número anterior.

8 – Metade da indemnização deve ser paga após a confirmação da denúncia e o restante no ato da entrega do locado, sob pena de ineficácia.

9 – Salvo motivo não imputável ao senhorio, o não cumprimento do disposto no nº 5, ou o não início da obra prevista no artigo 1101º, no prazo de seis meses contados da desocupação do locado, obriga o senhorio ao pagamento de uma indemnização correspondente a 10 anos de renda.

10 – Da denúncia pelo senhorio não pode resultar uma duração total do contrato inferior a dois anos.

11 – A denúncia prevista na alínea *c)* do artigo 1101º é objeto de legislação especial, sem prejuízo no disposto nos números anteriores.

ARTIGO 1104º
Confirmação da denúncia

No caso previsto na alínea *c)* do artigo 1101º, a denúncia deve ser confirmada, sob pena de ineficácia, por comunicação com a antecedência máxima de 15 meses e mínima de um ano relativamente à data da sua efetivação.

DIVISÃO III
TRANSMISSÃO

ARTIGO 1105º
Comunicabilidade e transmissão em vida para o cônjuge

1 – Incidindo o arrendamento sobre casa de morada de família, o seu destino é, em caso de divórcio ou de separação judicial de pessoas e bens, decidido por

acordo dos cônjuges, podendo estes optar pela transmissão ou pela concentração a favor de um deles.

2 – Na falta de acordo, cabe ao tribunal decidir, tendo em conta a necessidade de cada um, os interesses dos filhos e outros fatores relevantes.

3 – A transferência ou a concentração acordadas e homologadas pelo juiz ou pelo conservador do registo civil ou a decisão judicial a elas relativa são notificadas oficiosamente ao senhorio.

ARTIGO 1106º
Transmissão por morte

1 – O arrendamento para habitação não caduca por morte do arrendatário quando lhe sobreviva:

a) Cônjuge com residência no locado;

b) Pessoa que com ele vivesse em união de fato há mais de um ano;

c) Pessoa que com ele vivesse em economia comum e há mais de um ano.

2 – *(Revogado)*

3 – Havendo várias pessoas com direito à transmissão, a posição do arrendatário transmite-se, em igualdade de circunstâncias, sucessivamente para o cônjuge sobrevivo ou pessoa que com o falecido vivesse em união de fato, para o parente ou afim mais próximo ou, de entre estes, para o mais velho ou para a mais velha de entre as restantes pessoas que com ele residissem em economia comum.

4 – O direito à transmissão previsto nos números anteriores não se verifica se, à data da morte do arrendatário, o titular desse direito tiver outra casa, própria ou arrendada, na área dos concelhos de Lisboa ou do Porto e seus limítrofes ou no respetivo concelho quanto ao resto do País.

5 – A morte do arrendatário nos seis meses anteriores à data da cessação do contrato dá ao transmissário o direito de permanecer no local por período não inferior a seis meses a contar do decesso.

ARTIGO 1107º
Comunicação

1 – Por morte do arrendatário, a transmissão do arrendamento, ou a sua concentração no cônjuge sobrevivo, deve ser comunicada ao senhorio, com cópia dos documentos comprovativos e no prazo de três meses a contar da ocorrência.

2 – A inobservância do disposto no número anterior obriga o transmissário faltoso a indemnizar por todos os danos derivados da omissão.

SUBSECÇÃO VIII

DISPOSIÇÕES ESPECIAIS DO ARRENDAMENTO PARA FINS NÃO HABITACIONAIS

ARTIGO 1108º
Âmbito

As regras da presente subsecção aplicam-se aos arrendamentos urbanos para fins não habitacionais, bem como, com as necessárias adaptações e em conjunto com o regime geral da locação civil, aos arrendamentos rústicos não sujeitos a regimes especiais.

ARTIGO 1109º
Locação de estabelecimento

1 – A transferência temporária e onerosa do gozo de um prédio ou de parte dele, em conjunto com a exploração de um estabelecimento comercial ou industrial nele instalado, rege-se pelas regras da presente subsecção, com as necessárias adaptações.

2 – A transferência temporária e onerosa de estabelecimento instalado em local arrendado não carece de autorização do senhorio, mas deve ser-lhe comunicada no prazo de um mês.

ARTIGO 1110º
Duração, denúncia ou oposição à renovação

1 – As regras relativas à duração, denúncia e oposição à renovação dos contratos de arrendamento para fins não habitacionais são livremente estabelecidas pelas partes, aplicando-se, na falta de estipulação, o disposto quanto ao arrendamento para habitação, sem prejuízo do disposto no presente artigo e no seguinte.

2 – Na falta de estipulação, o contrato considera-se celebrado com prazo certo, pelo período de cinco anos, não podendo o arrendatário denunciá-lo com antecedência inferior a um ano.

3 – Salvo estipulação em contrário, o contrato celebrado por prazo certo renova-se automaticamente no seu termo e por períodos sucessivos de igual duração ou de cinco anos se esta for inferior, sem prejuízo do disposto no nº 2 do artigo 1096º.

4 – Nos cinco primeiros anos após o início do contrato, independentemente do prazo estipulado, o senhorio não pode opor-se à renovação.

ARTIGO 1110º-A
Disposições especiais relativas à denúncia e oposição à renovação pelo senhorio

1 – Nos contratos de arrendamento não habitacional, o senhorio apenas pode denunciar o contrato nos casos previstos nas alíneas *b)* e *c)* do artigo 1101º.

2 – A denúncia prevista no número anterior obriga o senhorio a indemnizar separadamente o arrendatário e os trabalhadores do estabelecimento pelos prejuízos que, comprovadamente, resultem da cessação do contrato de arrendamento, sem prejuízo do disposto no número seguinte.

3 – No que respeita ao arrendatário, a indemnização prevista no número anterior não tem lugar se o arrendamento tiver sido objeto de trespasse nos três anos anteriores.

4 – No caso da alínea *b)* do artigo 1101º do Código Civil, ao valor da indemnização devida ao arrendatário nos termos do nº 2 é deduzido o valor da indemnização prevista na alínea *a)* do nº 1 do artigo 6º do regime jurídico das obras em prédios arrendados, aprovado pelo Decreto -Lei nº 157/2006, de 8 de agosto, na sua redação atual.

ARTIGO 1111º
Obras

1 – As regras relativas à responsabilidade pela realização das obras de conservação ordinária ou extraordinária, requeridas por lei ou pelo fim do contrato, são livremente estabelecidas pelas partes.

2 – Se as partes nada convencionarem, cabe ao senhorio executar as obras de conservação, considerando-se o arrendatário autorizado a realizar as obras exigidas por lei ou requeridas pelo fim do contrato.

ARTIGO 1112º
Transmissão da posição do arrendatário

1 – É permitida a transmissão por ato entre vivos da posição do arrendatário, sem dependência da autorização do senhorio:

a) No caso de trespasse de estabelecimento comercial ou industrial;

b) A pessoa que no prédio arrendado continue a exercer a mesma profissão liberal, ou a sociedade profissional de objeto equivalente.

2 – Não há trespasse:

a) Quando a transmissão não seja acompanhada de transferência, em conjunto, das instalações, utensílios, mercadorias ou outros elementos que integram o estabelecimento;

b) Quando a transmissão vise o exercício, no prédio, de outro ramo de comércio ou indústria ou, de um modo geral, a sua afectação a outro destino.

3 – A transmissão deve ser celebrada por escrito e comunicada ao senhorio.

4 – O senhorio tem direito de preferência no trespasse por venda ou dação em cumprimento, salvo convenção em contrário.

5 – Quando, após a transmissão, seja dado outro destino ao prédio, ou o transmissário não continue o exercício da mesma profissão liberal, o senhorio pode resolver o contrato.

ARTIGO 1113º
Morte do arrendatário

1 – O arrendamento não caduca por morte do arrendatário, mas os sucessores podem renunciar à transmissão, comunicando a renúncia ao senhorio no prazo de três meses, com cópia dos documentos comprovativos da ocorrência.

2 – É aplicável o disposto no artigo 1107º, com as necessárias adaptações.

LEI Nº 6/2006 [2]
NRAU

(Artigos 9º a 65º)

TÍTULO I
NOVO REGIME DO ARRENDAMENTO URBANO

(...)

CAPÍTULO II
DISPOSIÇÕES GERAIS

SECÇÃO I
COMUNICAÇÕES

ARTIGO 9º
Forma da comunicação

1 – Salvo disposição da lei em contrário, as comunicações legalmente exigíveis entre as partes relativas a cessação do contrato de arrendamento, atualização da renda e obras são realizadas mediante escrito assinado pelo declarante e remetido por carta registada com aviso de receção.

[2] A lei nº 6/2006 de 27 de Fevereiro tem a redacção dada pelas Leis nºs 31/2012 de 14 de Agosto, 79/2014 de 19 de Dezembro, 42/2017 de 14 de Junho, 43/2017 de 14 de Junho e Lei nº 13/2019 de 12 de Fevereiro.

2 – As cartas dirigidas ao arrendatário, na falta de indicação por escrito deste em contrário, devem ser remetidas para o local arrendado.

3 – As cartas dirigidas ao senhorio devem ser remetidas para o endereço constante do contrato de arrendamento ou da sua comunicação imediatamente anterior.

4 – Não existindo contrato escrito nem comunicação anterior do senhorio, as cartas dirigidas a este devem ser remetidas para o seu domicílio ou sede.

5 – Qualquer comunicação deve conter o endereço completo da parte que a subscreve, devendo as partes comunicar mutuamente a alteração daquele.

6 – O escrito assinado pelo declarante pode, ainda, ser entregue em mão, devendo o destinatário apor em cópia a sua assinatura, com nota de receção.

7 – A comunicação pelo senhorio destinada à cessação do contrato por resolução, nos termos do nº 1 do artigo 1084º do Código Civil, é efectuada mediante:

a) Notificação avulsa;

b) Contacto pessoal de advogado, solicitador ou agente de execução, comprovadamente mandatado para o efeito, sendo feita na pessoa do notificando, com entrega de duplicado da comunicação e cópia dos documentos que a acompanhem, devendo o notificando assinar o original;

c) Escrito assinado e remetido pelo senhorio nos termos do nº 1, nos contratos celebrados por escrito em que tenha sido convencionado o domicílio, caso em que é inoponível ao senhorio qualquer alteração do local, salvo se este tiver autorizado a modificação.

ARTIGO 10º
Vicissitudes

1 – A comunicação prevista no nº 1 do artigo anterior considera-se realizada ainda que:

a) A carta seja devolvida por o destinatário se ter recusado a recebê-la;

b) O aviso de receção tenha sido assinado por pessoa diferente do destinatário.

2 – O disposto no número anterior não se aplica às cartas que:

a) Constituam iniciativa do senhorio para a transição para o NRAU e atualização da renda, nos termos dos artigos 30º e 50º;

b) Integrem título para pagamento de rendas, encargos ou despesas ou que possam servir de base ao procedimento especial de despejo, nos termos dos artigos 14º-A e 15º, respetivamente, salvo nos casos de domicílio convencionado nos termos da alínea *c)* do nº 7 do artigo anterior;

c) Sejam devolvidas por não terem sido levantadas no prazo previsto no regulamento dos serviços postais.

3 – Nas situações previstas no número anterior, o remetente deve remeter nova carta registada com aviso de receção decorridos que sejam 30 a 60 dias sobre a data do envio da primeira carta.

4 – Se a nova carta voltar a ser devolvida, nos termos da alínea *a)* do nº 1 e da alínea *c)* do nº 2, considera-se a comunicação recebida no 10º dia posterior ao do seu envio.

5 – Nos casos previstos nas alíneas *a)* e *b)* do nº 7 do artigo anterior, se:

a) O destinatário da comunicação recusar a assinatura do original ou a receção do duplicado da comunicação e cópia dos documentos que a acompanhem, o advogado, solicitador ou agente de execução lavra nota do incidente e a comunicação considera-se efectuada no próprio dia face à certificação da ocorrência;

b) Não for possível localizar o destinatário da comunicação, o senhorio remete carta registada com aviso de receção para o local arrendado, decorridos 30 a 60 dias sobre a data em que o destinatário não foi localizado, e considera-se a comunicação recebida no 10º dia posterior ao do seu envio.

ARTIGO 11º
Pluralidade de senhorios ou de arrendatários

1 – Havendo pluralidade de senhorios as comunicações devem, sob pena de ineficácia, ser subscritas por todos, ou por quem a todos represente, devendo o arrendatário dirigir as suas comunicações ao representante, ou a quem em comunicação anterior tenha sido designado para as receber.

2 – Na falta da designação prevista no número anterior, o arrendatário dirige as suas comunicações ao primeiro signatário, e envia a carta para o endereço do remetente.

3 – Havendo pluralidade de arrendatários, a comunicação do senhorio é dirigida ao que figurar em primeiro lugar no contrato, salvo indicação daqueles em contrário.

4 – A comunicação prevista no número anterior é, contudo, dirigida a todos os arrendatários nos casos previstos no nº 2 do artigo anterior.

5 – Se a posição do destinatário estiver integrada em herança indivisa, a comunicação é dirigida ao cabeça-de-casal, salvo indicação de outro representante.

6 – Nas situações previstas nos números anteriores, a pluralidade de comunicações de conteúdo diverso por parte dos titulares das posições de senhorio ou de arrendatário equivale ao silêncio.

ARTIGO 12º
Casa de morada da família

1 – Se o local arrendado constituir casa de morada de família, as comunicações previstas no nº 2 do artigo 10º devem ser dirigidas a cada um dos cônjuges, sob pena de ineficácia.

2 – As comunicações do arrendatário podem ser subscritas por ambos ou por um só dos cônjuges.

3 – Devem, no entanto, ser subscritas por ambos os cônjuges as comunicações que tenham por efeito algum dos previstos no artigo 1682º-B do Código Civil.

SECÇÃO II
ASSOCIAÇÕES

ARTIGO 13º
Legitimidade

1 – As associações representativas das partes, quando expressamente autorizadas pelos interessados, gozam de legitimidade para assegurar a defesa judicial dos seus membros em questões relativas ao arrendamento.

2 – Gozam do direito referido no número anterior as associações que, cumulativamente:

a) Tenham personalidade jurídica;

b) Não tenham fins lucrativos;

c) Tenham como objectivo principal proteger os direitos e interesses dos seus associados, na qualidade de senhorios, inquilinos ou comerciantes;

d) Tenham, pelo menos, três mil, quinhentos ou cem associados, consoante a área a que circunscrevam a sua ação seja de âmbito nacional, regional ou local, respetivamente.

SECÇÃO III
ASSÉDIO NO ARRENDAMENTO

ARTIGO 13º-A
Proibição de assédio

É proibido o assédio no arrendamento ou no subarrendamento, entendendo-se como tal qualquer comportamento ilegítimo do senhorio, de quem o represente ou de terceiro interessado na aquisição ou na comercialização do locado, que, com o objetivo de provocar a desocupação do mesmo, perturbe, constranja ou afete a dignidade do arrendatário, subarrendatário ou das pessoas que com estes residam legitimamente no locado, os sujeite a um ambiente intimidativo, hostil, degradante, perigoso, humilhante, desestabilizador ou ofensivo, ou impeça ou prejudique gravemente o acesso e a fruição do locado.

ARTIGO 13º-B
Intimação para tomar providências

1 – Sem prejuízo da responsabilidade civil, criminal ou contraordenacional decorrente dos atos e omissões em que se consubstancie o comportamento previsto

no artigo anterior, o arrendatário pode intimar o senhorio a tomar providências ao seu alcance no sentido de:

a) Cessar a produção de ruído fora dos limites legalmente estabelecidos ou de outros atos, praticados por si ou por interposta pessoa, suscetíveis de causar prejuízo para a sua saúde e a das pessoas que com ele residam legitimamente no locado;

b) Corrigir deficiências do locado ou das partes comuns do respetivo edifício que constituam risco grave para a saúde ou segurança de pessoas e bens;

c) Corrigir outras situações que impeçam a fruição do locado, o acesso ao mesmo ou a serviços essenciais como as ligações às redes de água, eletricidade, gás ou esgotos.

2 – A intimação prevista no número anterior é feita nos termos do artigo 9º e deve conter a exposição dos factos em que se fundamenta.

3 – Independentemente da apresentação da intimação prevista no nº 1, o arrendatário pode requerer à câmara municipal competente a realização de uma vistoria ao locado para verificação das situações previstas no nº 1, a qual possui natureza urgente e deve ser realizada no prazo máximo de 20 dias, devendo o respetivo auto ser emitido até 10 dias após a sua realização.

4 – No prazo de 30 dias a contar da receção da intimação prevista nos nºs 1 e 2, o senhorio deve, mediante comunicação a enviar ao arrendatário nos mesmos termos, demonstrar a adoção das medidas necessárias para corrigir a situação visada ou expor as razões que justifiquem a não adoção do comportamento pretendido pelo arrendatário.

5 – Em caso de falta de resposta nos termos previstos no número anterior, ou caso a situação se mantenha injustificadamente por corrigir, sem prejuízo da responsabilidade civil ou criminal que possa resultar dos mesmos factos e da possibilidade de recurso aos demais meios judiciais ou extrajudiciais ao seu dispor, o arrendatário pode:

a) Requerer uma injunção contra o senhorio, destinada a corrigir a situação exposta na intimação; e

b) Exigir ao senhorio o pagamento de sanção pecuniária no valor de 20 € por cada dia a partir do final do prazo previsto no número anterior, até que o senhorio lhe demonstre o cumprimento da intimação nos termos do artigo 9º ou, em caso de incumprimento, até que seja decretada a injunção prevista na alínea anterior.

6 – A sanção pecuniária prevista na alínea *b)* do número anterior é elevada em 50% quando o arrendatário tenha idade igual ou superior a 65 anos ou grau comprovado de deficiência igual ou superior a 60%.

7 – A intimação prevista nos nºs 2 e 3 caduca, extinguindo-se a respetiva sanção pecuniária, se a injunção prevista na alínea *a)* do nº 5 não for requerida no prazo de 30 dias a contar do termo do prazo previsto no nº 4, ou se for indeferida.

SECÇÃO IV
RESOLUÇÃO DE LITÍGIOS

SUBSECÇÃO I
AÇÕES JUDICIAIS

ARTIGO 14º
Ação de despejo

1 – A ação de despejo destina-se a fazer cessar a situação jurídica do arrendamento, sempre que a lei imponha o recurso à via judicial para promover tal cessação, e segue a forma de processo comum declarativo.

2 – Quando o pedido de despejo tiver por fundamento a falta de residência permanente do arrendatário e quando este tenha na área dos concelhos de Lisboa ou do Porto e seus limítrofes ou no respetivo concelho quanto ao resto do País outra residência ou a propriedade de imóvel para habitação adquirido após o início da relação de arrendamento, com excepção dos casos de sucessão mortis causa, pode o senhorio, simultaneamente, pedir uma indemnização igual ao valor da renda determinada nos de acordo com os critérios previstos nas alíneas *a)* e *b)* do nº 2 do artigo 35º, desde o termo do prazo para contestar até à entrega efectiva da habitação.

3 – Na pendência da ação de despejo, as rendas que se forem vencendo devem ser pagas ou depositadas, nos termos gerais.

4 – Se as rendas, encargos ou despesas, vencidos por período igual ou superior a dois meses, não forem pagos ou depositados, o arrendatário é notificado para, em 10 dias, proceder ao seu pagamento ou depósito e ainda da importância de indemnização devida, juntando prova aos autos, sendo, no entanto, condenado nas custa do incidente e nas despesas de levantamento do depósito, que são contadas a final.

5 – Em caso de incumprimento pelo arrendatário do disposto no número anterior, o senhorio pode requerer o despejo imediato, aplicando-se, em caso de deferimento do requerimento, com as necessárias adaptações, o disposto no nº 7 do artigo 15º e nos artigos 15º-J, 15º-L e 15º-M a 15º-O.

ARTIGO 14º-A
Título para pagamento de rendas, encargos ou despesas

1 – O contrato de arrendamento, quando acompanhado do comprovativo de comunicação ao arrendatário do montante em dívida, é título executivo para a execução para pagamento de quantia certa correspondente às rendas, aos encargos ou às despesas que corram por conta do arrendatário.

2 – O contrato de arrendamento, quando acompanhado da comunicação ao senhorio do valor em dívida, prevista no nº 3 do artigo 22º-C do regime jurídico

das obras em prédios arrendados, aprovado pelo Decreto-Lei nº 157/2006, de 8 de agosto, é título executivo para a execução para pagamento de quantia certa correspondente à compensação pela execução de obras pelo arrendatário em substituição do senhorio.

SUBSECÇÃO II

PROCEDIMENTO ESPECIAL DE DESPEJO

ARTIGO 15º
Procedimento especial de despejo

1 – O procedimento especial de despejo é um meio processual que se destina a efetivar a cessação do arrendamento, independentemente do fim a que este se destina, quando o arrendatário não desocupe o locado na data prevista na lei ou na data fixada por convenção entre as partes.

2 – Apenas podem servir de base ao procedimento especial de despejo independentemente do fim a que se destina o arrendamento:

a) Em caso de revogação, o contrato de arrendamento, acompanhado do acordo previsto no nº 2 do artigo 1082º do Código Civil;

b) Em caso de caducidade pelo decurso do prazo, não sendo o contrato renovável, o contrato escrito donde conste a fixação desse prazo;

c) Em caso de cessação por oposição à renovação, o contrato de arrendamento acompanhado do comprovativo da comunicação prevista no nº 1 do artigo 1097º ou no nº 1 do artigo 1098º do Código Civil;

d) Em caso de denúncia por comunicação pelo senhorio, o contrato de arrendamento, acompanhado do comprovativo da comunicação prevista na alínea *c)* do artigo 1101º ou no nº 1 do artigo 1103º do Código Civil ou da comunicação prevista na alínea *a)* do nº 5 do artigo 33º da presente lei;

e) Em caso de resolução por comunicação, o contrato de arrendamento, acompanhado do comprovativo da comunicação prevista no nº 2 do artigo 1084º do Código Civil, bem como, quando aplicável, do comprovativo, emitido pela autoridade competente, da oposição à realização da obra;

f) Em caso de denúncia pelo arrendatário, nos termos dos nºs 3 e 4 do artigo 1098º do Código Civil do artigo 34º e 53º da presente lei, o comprovativo da comunicação da iniciativa do senhorio e o documento de resposta do arrendatário.

3 – Para efeitos do disposto na alínea *d)* do número anterior, o comprovativo da comunicação prevista no nº 1 do artigo 1103º do Código Civil é acompanhado dos documentos referidos no nº 2 e 3 do mesmo artigo ou, sendo caso disso, de cópia da certidão a que se refere o nº 7 do artigo 8º do Decreto-Lei nº 157/2006, de 8 de agosto, que aprova o regime jurídico das obras em prédios arrendados.

4 – O procedimento especial de despejo previsto na presente subsecção apenas pode ser utilizado relativamente a contratos de arrendamento cujo imposto do selo tenha sido liquidado ou cujas rendas tenham sido declaradas para efeitos de IRS ou IRC.

5 – Quando haja lugar a procedimento especial de despejo, o pedido de pagamento de rendas, encargos ou despesas que corram por conta do arrendatário pode ser deduzido cumulativamente com o pedido de despejo no âmbito do referido procedimento, desde que tenha sido comunicado ao arrendatário o montante em dívida, salvo se previamente tiver sido intentada ação executiva para os efeitos previstos no artigo anterior.

6 – No caso de desistência do pedido de pagamento de rendas, encargos ou despesas, o procedimento especial de despejo segue os demais trâmites legalmente previstos quanto ao pedido de desocupação do locado.

7 – Sempre que os autos sejam distribuídos, o juiz deve pronunciar-se sobre todas as questões suscitadas e, independentemente de ter sido requerida, sobre a autorização de entrada no domicílio.

8 – As rendas que se forem vencendo na pendência do procedimento especial de despejo devem ser pagas ou depositadas, nos termos gerais.

ARTIGO 15º-A
Balcão Nacional do Arrendamento

1 – É criado, junto da Direcção-Geral da Administração da Justiça, o Balcão Nacional do Arrendamento (BNA) destinado a assegurar a tramitação do procedimento especial de despejo.

2 – O BNA tem competência em todo o território nacional para a tramitação do procedimento especial de despejo.

ARTIGO 15º-B
Apresentação, forma e conteúdo do requerimento de despejo

1 – O requerimento de despejo é apresentado, em modelo próprio, no BNA.

2 – No requerimento deve o requerente:

a) Identificar as partes, indicando os seus nomes e domicílios, bem como os respetivos números de identificação civil;

b) Indicar o seu endereço de correio electrónico se pretender receber comunicações por meios electrónicos;

c) Indicar o tribunal competente para apreciação dos autos se forem apresentados à distribuição;

d) Indicar o lugar onde deve ser feita a notificação, o qual, na falta de domicílio convencionado por escrito, deve ser o local arrendado;

e) Indicar o fundamento do despejo e juntar os documentos previstos no nº 2 do artigo 15º;

f) Indicar o valor da renda;

g) Formular o pedido e, no caso de pedido para pagamento de rendas, encargos ou despesas, discriminar o valor do capital, juros vencidos e outras quantias devidas;

h) Juntar comprovativo do pagamento do imposto de selo ou comprovativo da liquidação do IRS ou do IRC relativo aos últimos quatro anos e do qual constem as rendas relativas ao locado, salvo se o contrato for mais recente;

i) Indicar que pretende proceder ao pagamento da taxa devida, ou sendo o caso, indicar a modalidade de apoio judiciário concedido, bem como juntar documento comprovativo da respectiva concessão, sem prejuízo do disposto no nº 7;

j) Designar o agente de execução ou o notário competente para proceder à desocupação do locado;

k) Designar agente de execução para proceder à execução para pagamento das rendas, encargos ou despesas em atraso, nos casos em que seja designado notário para proceder à desocupação do locado ou este venha a ser competente;

l) Assinar o requerimento.

3 – Havendo pluralidade de arrendatários ou constituindo o local arrendado casa de morada de família, o requerente deve ainda identificar os nomes e domicílios de todos os arrendatários e de ambos os cônjuges, consoante o caso.

4 – Sem prejuízo do disposto no nº 6 do artigo 15º, durante o procedimento especial de despejo não é permitida a alteração dos elementos constantes do requerimento, designadamente do pedido formulado.

5 – A entrega do requerimento de despejo por advogado ou solicitador é efectuada apenas por via electrónica, com menção da existência do mandato e do domicílio profissional do mandatário.

6 – O requerente que, sendo representado por advogado ou solicitador, não cumprir o disposto no número anterior fica sujeito ao pagamento imediato de uma multa no valor de 2 unidades de conta processuais.

7 – Faltando, à data da apresentação do requerimento, menos de 30 dias para o termo do prazo de prescrição ou de caducidade, ou ocorrendo outra causa de urgência, deve o requerente apresentar documento comprovativo do pedido de apoio judiciário requerido, mas ainda não concedido.

8 – O procedimento considera-se iniciado na data do pagamento da taxa devida ou na data da junção do documento comprovativo do pedido ou da concessão de apoio judiciário, na modalidade de dispensa ou pagamento faseado de taxa de justiça e dos demais encargos com o processo.

ARTIGO 15º-C
Recusa do requerimento

1 – O requerimento só pode ser recusado se:

a) Não estiver endereçado ao BNA;

b) Não indicar o fundamento do despejo ou não for acompanhado dos documentos previstos no nº 2 do artigo 15º;

c) Não estiver indicado o valor da renda;

d) Não estiver indicada a modalidade de apoio judiciário requerida ou concedida, bem como se não estiver junto o documento comprovativo do pedido ou da concessão do benefício do apoio judiciário;

e) Omitir a identificação das partes, o domicílio do requerente, os números de identificação civil ou o lugar da notificação do requerido;

f) Não estiver assinado;

g) Não constar do modelo a que se refere o nº 1 do artigo anterior;

h) Não se mostrar paga a taxa;

i) Não se mostrar pago o imposto de selo ou liquidado o IRS ou IRC pelas rendas relativas ao locado, nos últimos quatro anos, salvo se o contrato for mais recente;

j) O pedido não se ajustar à finalidade do procedimento.

2 – Nos casos em que haja recusa, o requerente pode apresentar outro requerimento no prazo de 10 dias subsequentes à notificação daquela, considerando-se o procedimento iniciado na data em que teve lugar o pagamento da taxa devida pela apresentação do primeiro requerimento ou a junção do documento comprovativo do pedido ou da concessão do benefício do apoio judiciário na modalidade de dispensa ou de pagamento faseado de taxa de justiça e dos demais encargos com o processo.

ARTIGO 15º-D
Finalidade, conteúdo e efeito da notificação

1 – O BNA expede imediatamente notificação para o requerido, por carta registada com aviso de receção, para, em 15 dias, este:

a) Desocupar o locado e, sendo caso disso, pagar ao requerente a quantia pedida, acrescida da taxa por ele liquidada;

b) Deduzir oposição à pretensão e ou requerer o diferimento da desocupação do locado, nos termos do disposto nos artigos 15º-N e 15º-O.

2 – Havendo vários requeridos, a notificação é expedida para todos eles, nos termos e para os efeitos previstos no número anterior.

3 – A notificação é expedida para o local indicado no requerimento de despejo, aplicando-se, com as necessárias adaptações, o disposto no artigo 228º, nos nºs 3 a 5 do artigo 229º e no nº 2 do artigo 230º do Código de Processo Civil, não havendo lugar à advertência prevista no artigo 233º do mesmo código.

4 – O ato de notificação deve conter:

a) Os elementos referidos nas alíneas *a)* a *h)* do nº 2 do artigo 15º-B e, se for caso disso, no nº 3 do mesmo artigo;

b) A indicação do prazo para a oposição e a respectiva forma de contagem;

c) A indicação de que, na falta de desocupação do locado, de oposição dentro do prazo legal ou do pagamento ou depósito das rendas que se venceram na pendência do procedimento especial de despejo, será constituído título para desocupação do locado com a faculdade de o requerente a efetivar imediatamente;

d) Nos casos de pedido de pagamento das rendas, encargos ou despesas em atraso, a indicação de que, na falta de pagamento da quantia pedida e da taxa liquidada pelo requerente, são ainda devidos juros de mora desde a data da apresentação do requerimento;

e) A indicação de que a dedução de oposição cuja falta de fundamento o requerido não deva ignorar o responsabiliza pelos danos que causar ao requerente e determina a condenação em multa de valor não inferior a dez vezes a taxa devida.

5 – A notificação efectuada nos termos do presente artigo interrompe a prescrição, nos termos do disposto no artigo 323º do Código Civil.

ARTIGO 15º-E
Constituição de título para desocupação do locado

1 – O BNA converte o requerimento de despejo em título para desocupação do locado se:

a) Depois de notificado, o requerido não deduzir oposição no respetivo prazo;

b) A oposição se tiver por não deduzida nos termos do disposto no nº 4 do artigo seguinte;

c) Na pendência do procedimento especial de despejo, o requerido não proceder ao pagamento ou depósito das rendas que se forem vencendo, nos termos previstos no nº 8 do artigo 15º.

2 – O título de desocupação do locado é autenticado com recurso a assinatura electrónica.

3 – Constituído o título de desocupação do locado, o BNA disponibiliza o requerimento de despejo no qual tenha sido colocada a fórmula de título para desocupação do locado ao requerente e ao agente de execução, notário ou oficial de justiça designado, consoante os casos, nos termos definidos por portaria do membro do Governo responsável pela área da justiça.

ARTIGO 15º-F
Oposição

1 – O requerido pode opor-se à pretensão no prazo de 15 dias, a contar da sua notificação.

2 – A oposição não carece de forma articulada, devendo ser apresentada no BNA apenas por via electrónica, com menção da existência do mandato e do domicílio profissional do mandatário, sob pena de pagamento imediato de uma multa no valor de 2 unidades de conta processuais.

3 – Com a oposição, deve o requerido proceder à junção do documento comprovativo do pagamento da taxa de justiça e, nos casos previstos nos nºs 3 e 4 do artigo 1083º do Código Civil, ao pagamento de uma caução no valor das rendas, encargos ou despesas em atraso, até ao valor máximo correspondente a seis rendas, salvo nos casos de apoio judiciário, em que está isento, nos termos a definir por portaria do membro do Governo responsável pela área da justiça.

4 – Não se mostrando paga a taxa ou a caução prevista no número anterior, a oposição tem-se por não deduzida.

5 – A oposição tem-se igualmente por não deduzida quando o requerido não efectue o pagamento da taxa devida no prazo de 5 dias a contar da data da notificação da decisão definitiva de indeferimento do pedido de apoio judiciário, na modalidade de dispensa ou de pagamento faseado de taxa e dos demais encargos com o processo.

ARTIGO 15º-G
Extinção do procedimento

1 – O procedimento especial de despejo extingue-se pela desocupação do locado, por desistência, e por morte do requerente ou do requerido.

2 – O requerente pode desistir do procedimento especial de despejo até à dedução da oposição ou, na sua falta, até ao termo do prazo de oposição.

3 – No caso previsto nos números anteriores, o BNA devolve a pedido do requerente o expediente respeitante ao procedimento especial de despejo e notifica o requerido daquele fato se este já tiver sido notificado do requerimento de despejo.

ARTIGO 15º-H
Distribuição e termos posteriores

1 – Deduzida oposição, o BNA apresenta os autos à distribuição e remete ao requerente cópia da oposição.

2 – Recebidos os autos, o juiz pode convidar as partes para, no prazo de 5 dias, aperfeiçoarem as peças processuais, ou, no prazo de 10 dias, apresentarem novo articulado sempre que seja necessário garantir o contraditório.

3 – Não julgando logo procedente alguma excepção dilatória ou nulidade que lhe cumpra conhecer ou não decidindo logo do mérito da causa, o juiz ordena a notificação das partes da data da audiência de julgamento.

4 – Os autos são igualmente apresentados à distribuição sempre que se suscite questão sujeita a decisão judicial.

ARTIGO 15º-I
Audiência de julgamento e sentença

1 – A audiência de julgamento realiza-se no prazo de 20 dias a contar da distribuição.

2 – Não é motivo de adiamento da audiência a falta de qualquer das partes ou dos seus mandatários, salvo nos casos de justo impedimento.

3 – Se as partes estiverem presentes ou representadas na audiência, o juiz procura conciliá-las.

4 – Frustrando-se a conciliação, produzem-se as provas que ao caso couber.

5 – Qualquer das partes pode requerer a gravação da audiência.

6 – As provas são oferecidas na audiência, podendo cada parte apresentar até três testemunhas.

7 – A prova pericial é sempre realizada por um único perito.

8 – Se considerar indispensável para a boa decisão da causa que se proceda a alguma diligência de prova, o juiz pode suspender a audiência no momento que reputar mais conveniente e marcar logo dia para a sua continuação, devendo o julgamento concluir-se no prazo de 10 dias.

9 – Finda a produção de prova, pode cada um dos mandatários fazer uma breve alegação oral.

10 – A sentença, sucintamente fundamentada, é logo ditada para a ata.

ARTIGO 15º-J
Desocupação do locado e pagamento das rendas em atraso

1 – Havendo título ou decisão judicial para desocupação do locado, o agente de execução, o notário ou, na falta destes ou sempre que lei lhe atribua essa competência, o oficial de justiça, desloca-se imediatamente ao locado para tomar a posse do imóvel, lavrando auto da diligência.

2 – O senhorio e o arrendatário podem acordar num prazo para a desocupação do locado com remoção de todos os bens móveis, sendo lavrado auto pelo agente de execução, notário ou oficial de justiça.

3 – O agente de execução, o notário ou o oficial de justiça podem solicitar directamente o auxílio das autoridades policiais sempre que seja necessário o arrombamento da porta e a substituição da fechadura para efetivar a posse do imóvel, aplicando-se, com as necessárias adaptações, o disposto no nº 6 do artigo 757º do Código de Processo Civil.

4 – Quando a desocupação do locado deva efetuar-se em domicílio, a mesma só pode realizar-se entre as 7h e as 21h, devendo o agente de execução, notário ou o oficial de justiça entregar cópia do título ou decisão judicial a quem tiver a disponibilidade do lugar em que a diligência se realiza, o qual pode assistir à diligência e fazer-se acompanhar ou substituir por pessoa da sua confiança que, sem delonga, se apresente no local.

5 – O título para desocupação do locado, quando tenha sido efectuado o pedido de pagamento das rendas, encargos ou despesas em atraso, e a decisão judicial que condene o requerido no pagamento daqueles constituem título executivo para pagamento de quantia certa, aplicando-se, com as necessárias adaptações, os termos previstos no Código de Processo Civil para a execução para pagamento de quantia certa baseada em injunção.

6 – Nos casos previstos no número anterior não há lugar a oposição à execução.

ARTIGO 15º-K
Destino dos bens

1 – O agente de execução, o notário ou o oficial de justiça procede ao arrolamento dos bens encontrados no locado.

2 – O arrendatário deve, no prazo de 30 dias após a tomada da posse do imóvel, remover todos os seus bens móveis, sob pena de estes serem considerados abandonados.

ARTIGO 15º-L
Autorização judicial para entrada imediata no domicílio

1 – Caso o arrendatário não desocupe o domicílio de livre vontade ou incumpra o acordo previsto no nº 2 do artigo 15º-J e o procedimento especial de despejo não tenha sido distribuído a juiz, o agente de execução, o notário ou o oficial de justiça apresenta requerimento no tribunal judicial da situação do locado para, no prazo de 5 dias, ser autorizada a entrada imediata no domicílio.

2 – O requerimento previsto no número anterior assume carácter de urgência e deve ser instruído com:

a) O título para desocupação do locado;

b) O documento comprovativo do pagamento da taxa de justiça devida.

3 – Se a considerar necessária, o juiz procede à audição do arrendatário.

4 – São motivos de recusa do requerimento de autorização para entrada no domicílio, designadamente:

a) Não ter sido utilizado o modelo de requerimento ou este não estar devidamente preenchido;

b) O requerimento não estar instruído com os documentos referidos no nº 2;

c) A violação do disposto nos artigos 9º, 10º e 15º-D.

5 – Conferida autorização judicial para entrada no domicílio, o agente de execução, o notário ou o oficial de justiça desloca-se imediatamente ao locado para tomar a posse do imóvel, aplicando-se o disposto nos nºs 2 a 4 do artigo 15º-J e no artigo anterior.

6 – O disposto nos números anteriores é aplicável, com as necessárias adaptações, aos casos em que a entrada no locado dependa de autorização judicial nos termos da lei.

ARTIGO 15º-M
Suspensão da desocupação do locado

1 – O agente de execução, o notário ou o oficial de justiça suspende as diligências para desocupação do locado sempre que o detentor da coisa, ao qual não tenha sido dada a oportunidade de intervir no procedimento especial de despejo, exibir algum dos seguintes títulos, com data anterior ao início daquele procedimento:

a) Título de arrendamento ou de outro gozo legítimo do prédio, emanado do senhorio;

b) Título de subarrendamento ou de cessão da posição contratual, emanado do arrendatário, e documento comprovativo de haver sido requerida no prazo de 15 dias a respectiva notificação ao senhorio ou de este ter especialmente autorizado o subarrendamento ou a cessão ou, ainda, de ter reconhecido o subarrendatário ou cessionário como tal.

2 – Tratando-se de arrendamento para habitação, o agente de execução, o notário ou o oficial de justiça suspende as diligências executórias, quando se mostre, por atestado médico que indique fundamentadamente o prazo durante o qual se deve suspender a execução, que a diligência põe em risco de vida a pessoa que se encontra no local, por razões de doença aguda

3 – Nos casos referidos nos números anteriores, o agente de execução, o notário ou o oficial de justiça lavra certidão das ocorrências, junta os documentos exibidos e adverte o detentor, ou a pessoa que se encontra no local, de que as diligências para a desocupação do locado prosseguem, salvo se, no prazo de 10 dias, requerer ao juiz do tribunal judicial da situação do locado a confirmação da suspensão, juntando ao requerimento os documentos disponíveis, dando do fato imediato conhecimento ao senhorio ou ao seu representante.

4 – Ouvido o senhorio, o juiz do tribunal judicial da situação do locado, no prazo de 5 dias, decide manter suspensas as diligências para a desocupação ou ordena o levantamento da suspensão e a imediata prossecução daquelas.

ARTIGO 15º-N
Diferimento da desocupação de imóvel arrendado para habitação

1 – No caso de imóvel arrendado para habitação, dentro do prazo para a oposição ao procedimento especial de despejo, o arrendatário pode requerer ao juiz do tribunal judicial da situação do locado o diferimento da desocupação, por razões sociais imperiosas, devendo logo oferecer as provas disponíveis e indicar as testemunhas a apresentar, até ao limite de três.

2 – O diferimento de desocupação do locado para habitação é decidido de acordo com o prudente arbítrio do tribunal, devendo o juiz ter em consideração as exigências da boa fé, a circunstância de o arrendatário não dispor imediatamente de outra habitação, o número de pessoas que habitam com o arrendatário, a sua idade,

o seu estado de saúde e, em geral, a situação económica e social das pessoas envolvidas, só podendo ser concedido desde que se verifique algum dos seguintes fundamentos:

a) Que, tratando-se de resolução por não pagamento de rendas, a falta do mesmo se deve a carência de meios do arrendatário, o que se presume relativamente ao beneficiário de subsídio de desemprego, de valor igual ou inferior à retribuição mínima mensal garantida, ou de rendimento social de inserção;

b) Que o arrendatário é portador de deficiência com grau comprovado de incapacidade igual ou superior a 60%.

3 – No caso de diferimento decidido com base na alínea *a)* do número anterior, cabe ao Fundo de Socorro Social do Instituto de Gestão Financeira da Segurança Social pagar ao senhorio as rendas correspondentes ao período de diferimento, ficando aquele sub-rogado nos direitos deste.

ARTIGO 15º-O
Termos do diferimento da desocupação

1 – O requerimento de diferimento da desocupação assume carácter de urgência e é indeferido liminarmente quando:

a) Tiver sido apresentado fora do prazo;

b) O fundamento não se ajustar a algum dos referidos no artigo anterior;

c) For manifestamente improcedente.

2 – Se o requerimento for recebido, o senhorio é notificado para contestar, dentro do prazo de 10 dias, devendo logo oferecer as provas disponíveis e indicar as testemunhas a apresentar, até ao limite de três.

3 – O juiz deve decidir o pedido de diferimento da desocupação por razões sociais no prazo máximo de 20 dias a contar da sua apresentação, sendo, no caso previsto na alínea *a)* do nº 2 do artigo anterior, a decisão oficiosamente comunicada, com a sua fundamentação, ao Fundo de Socorro Social do Instituto de Gestão Financeira da Segurança Social.

4 – O diferimento não pode exceder o prazo de cinco meses a contar da data do trânsito em julgado da decisão que o conceder.

ARTIGO 15º-P
Impugnação do título para desocupação do locado

1 – O arrendatário só pode impugnar o título para desocupação do locado com fundamento na violação do disposto nos artigos 9º, 10º e 15º-D.

2 – A impugnação prevista no número anterior é apresentada ao juiz do tribunal judicial da situação do locado, no prazo de 10 dias a contar da deslocação do agente de execução, do notário ou do oficial de justiça ao imóvel para a sua desocupação, ou do momento em que o arrendatário teve conhecimento de ter sido

efectuada a sua desocupação, podendo ser acompanhada de cópia do título para desocupação do locado.

3 – A impugnação observa as seguintes regras:

a) A prova é oferecida com o requerimento;

b) A parte requerida é notificada para, em 10 dias, se opor à impugnação e oferecer prova;

c) A impugnação tem sempre efeito meramente devolutivo, seguindo, com as necessárias adaptações, a tramitação do recurso de apelação, nos termos do Código de Processo Civil.

ARTIGO 15º-Q
Recurso da decisão judicial para desocupação do locado

Independentemente do valor da causa e da sucumbência, da decisão judicial para desocupação do locado cabe sempre recurso de apelação, nos termos do Código de Processo Civil, o qual tem sempre efeito meramente devolutivo.

ARTIGO 15º-R
Uso indevido ou abusivo do procedimento

1 – Aquele que fizer uso indevido do procedimento especial de despejo do locado incorre em responsabilidade nos termos da lei.

2 – Se o senhorio ou o arrendatário usarem meios cuja falta de fundamento não devessem ignorar ou fizerem uso manifestamente reprovável do procedimento especial de despejo respondem pelos danos que culposamente causarem à outra parte e incorrem em multa de valor não inferior a 10 vezes a taxa de justiça devida.

3 – O disposto no número anterior é ainda aplicável ao detentor do locado ou a qualquer outro interveniente no procedimento especial de despejo que, injustificadamente, obste à efetivação da desocupação do locado.

4 – Incorre na prática do crime de desobediência qualificada quem infrinja a decisão judicial de desocupação do locado.

ARTIGO 15º-S
Disposições finais

1 – Ao procedimento especial de despejo aplica-se o regime de acesso ao direito e aos tribunais, com as necessárias adaptações e as seguintes especificidades:

a) O prazo previsto no nº 1 do artigo 33º da Lei nº 34/2004, de 29 de julho, é reduzido para 10 dias;

b) Não se aplica o disposto no nº 2 do artigo 33º da Lei nº 34/2004, de 29 de julho;

c) Sendo requerido apoio judiciário para dispensa de pagamento ou pagamento faseado das taxas e demais encargos equivale ao pagamento da taxa a que alude o nº 7 do artigo 15º-B a junção do documento comprovativo da apresentação do respetivo pedido.

2 – Em caso de indeferimento do pedido de apoio judiciário na modalidade de dispensa ou de pagamento faseado de taxa e demais encargos com o processo, o requerente deve efetuar o pagamento da taxa devida no prazo de 5 dias a contar da data da notificação da decisão definitiva de indeferimento, sob pena de extinção do procedimento ou, caso já tenha sido constituído título para desocupação do locado, de pagamento do valor igual a 10 vezes o valor da taxa devida.

3 – No procedimento especial de despejo, é obrigatória a constituição de advogado para a dedução de oposição ao requerimento de despejo.

4 – As partes têm de se fazer representar por advogado nos atos processuais subsequentes à distribuição no procedimento especial de despejo.

5 – Aos prazos do procedimento especial de despejo aplicam-se as regras previstas no Código de Processo Civil, não havendo lugar à sua suspensão durante as férias judiciais, nem a qualquer dilação.

6 – Estão sujeitos a distribuição a autorização judicial para entrada imediata no domicílio, a suspensão da desocupação do locado e o diferimento da desocupação de imóvel arrendado para habitação, previstos nos artigos 15º-L a 15º-O, bem como os demais atos que careçam de despacho judicial.

7 – O tribunal competente para todas as questões suscitadas no âmbito do procedimento especial de despejo é o da situação do locado.

8 – Os atos a praticar pelo juiz no âmbito do procedimento especial de despejo assumem carácter urgente.

9 – Compete ao membro do Governo responsável pela área da justiça regulamentar o procedimento especial de despejo, nomeadamente, nas seguintes matérias:

a) Aprovação do modelo de requerimento de despejo;

b) Forma de apresentação dos requerimentos de despejo, oposição, autorização judicial para entrada imediata no domicílio, suspensão da desocupação do locado e diferimento da desocupação de imóvel arrendado para habitação;

c) Forma de apresentação da impugnação do título para desocupação do locado e da oposição à mesma;

d) Forma de pagamento da caução devida pela dedução de oposição à desocupação do locado;

e) Forma de apresentação da contestação do pedido de diferimento da desocupação;

f) Modo de designação, substituição e destituição do agente de execução, notário ou oficial de justiça;

g) Forma de disponibilização do título de desocupação do locado;

h) Comunicações e notificações;

i) Fixação de taxas e forma de pagamento;

j) Remuneração do agente de execução ou notário ou pagamento de taxa no caso de intervenção de oficial de justiça.

SUBSECÇÃO III
INJUNÇÃO

ARTIGO 15º-T
Injunção em matéria de arrendamento

1 – A injunção em matéria de arrendamento (IMA) é um meio processual que se destina a efetivar os seguintes direitos do arrendatário:

a) Pagamento de quantia certa do valor da compensação em dívida por execução de obras em substituição do senhorio, em caso de execução de intimação emitida ao abrigo do nº 2 do artigo 89º do regime jurídico da urbanização e da edificação, aprovado pelo Decreto-Lei nº 555/99, de 16 de dezembro, ou do nº 1 do artigo 55º do regime jurídico da reabilitação urbana, aprovado pelo Decreto-Lei nº 307/2009, de 23 de outubro, quando a injunção seja titulada pelo contrato de arrendamento, acompanhado da comunicação prevista no nº 3 do artigo 22º-C do regime jurídico das obras em prédios arrendados, aprovado pelo Decreto-Lei nº 157/2006, de 8 de agosto, e de cópia da intimação a que se reporta;

b) Pagamento de quantia certa do valor da compensação em dívida por execução de obras em substituição do senhorio, nos casos de reparações previstas nos nºs 1 ou 2 do artigo 1036º do Código Civil, quando a injunção seja titulada pelo contrato de arrendamento, acompanhado da comunicação prevista no nº 3 do artigo 22º-C do regime jurídico das obras em prédios arrendados, aprovado pelo Decreto-Lei nº 157/2006, de 8 de agosto;

c) Cessação de atividades causadoras de risco para a saúde do arrendatário, quando a injunção seja titulada pela intimação dirigida pelo arrendatário nos termos da alínea *a)* do nº 1 do artigo 13º-B, acompanhada por auto emitido pela autoridade policial ou equiparada ou pela câmara municipal competente;

d) Correção de deficiências do locado causadoras de risco grave para a saúde ou para a segurança de pessoas ou bens, quando a injunção seja titulada pela intimação dirigida pelo arrendatário nos termos da alínea *b)* do nº 1 do artigo 13º-B, acompanhada por auto emitido pela câmara municipal competente;

e) Correção de impedimento da fruição do locado, quando a injunção seja titulada pela intimação dirigida pelo arrendatário nos termos da alínea *c)* do nº 1 do artigo 13º-B, acompanhada por auto emitido pela autoridade policial ou equiparada ou pela câmara municipal competente;

2 – Caso seja demonstrada a apresentação de requerimento da vistoria prevista no nº 3 do artigo 13º-B, dentro do prazo estabelecido no nº 7 do mesmo artigo, a

câmara municipal é notificada para envio do referido auto no prazo de 20 dias, suspendendo-se o processo até receção do referido auto, sem prejuízo do disposto no número seguinte.

3 – Com o decretamento das injunções previstas nas alíneas *c)* a *e)* do nº 1, a sanção pecuniária prevista no nº 5 do artigo 13º-B, passa a ser, por cada dia de incumprimento a partir dessa data, no valor de 50 euros, podendo ser deduzida pelo arrendatário do pagamento das rendas mensais vincendas a partir dessa data, até que o cumprimento da injunção seja demonstrado pelo senhorio ao arrendatário nos termos do artigo 9º

4 – À sanção pecuniária prevista no número anterior aplica-se o disposto no nº 6 do artigo 13º-B.

5 – O processo de injunção em matéria de arrendamento é objeto de diploma próprio.

ARTIGO 15º-U
Serviço de Injunção em Matéria de Arrendamento

1 – É criado, junto da Direção-Geral da Administração da Justiça, o Serviço de Injunção em Matéria de Arrendamento (SIMA), destinado a assegurar a tramitação da injunção em matéria de arrendamento prevista no artigo anterior.

2 – O SIMA tem competência em todo o território nacional.

SECÇÃO V
JUSTO IMPEDIMENTO

ARTIGO 16º
Invocação de justo impedimento

1 – Considera-se justo impedimento o evento não imputável à parte em contrato de arrendamento urbano que obste à prática atempada de um ato previsto nesta lei ou à receção das comunicações que lhe sejam dirigidas.

2 – O justo impedimento deve ser invocado logo após a sua cessação, por comunicação dirigida à outra parte.

3 – Compete à parte que o invocar a demonstração dos fatos em que se funda.

4 – Em caso de desacordo entre as partes, a invocação do justo impedimento só se torna eficaz após decisão judicial.

SECÇÃO V
CONSIGNAÇÃO EM DEPÓSITO

ARTIGO 17º
Depósito das rendas

1 – O arrendatário pode proceder ao depósito da renda quando ocorram os pressupostos da consignação em depósito, quando lhe seja permitido fazer cessar a mora e ainda quando esteja pendente ação de despejo.

2 – O previsto na presente secção é aplicável, com as necessárias adaptações, ao depósito do valor correspondente a encargos e despesas a cargo do arrendatário.

ARTIGO 18º
Termos do depósito

1 – O depósito é feito em qualquer agência de instituição de crédito, perante um documento em dois exemplares, assinado pelo arrendatário, ou por outrem em seu nome, e do qual constem:

a) A identidade do senhorio e do arrendatário;

b) A identificação do locado;

c) O quantitativo da renda, encargo ou despesa;

d) O período de tempo a que ela respeita;

e) O motivo por que se pede o depósito.

2 – Um dos exemplares do documento referido no número anterior fica em poder da instituição de crédito, cabendo o outro ao depositante, com o lançamento de ter sido efectuado o depósito.

3 – O depósito fica à ordem do tribunal da situação do prédio ou, quando efectuado na pendência de processo judicial, do respetivo tribunal.

ARTIGO 19º
Notificação do senhorio

1 – O arrendatário deve comunicar ao senhorio o depósito da renda.

2 – A junção do duplicado ou duplicados das guias de depósito à contestação, ou figura processual a ela equivalente, de ação baseada na falta de pagamento produz os efeitos da comunicação.

ARTIGO 20º
Depósitos posteriores

1 – Enquanto subsistir a causa do depósito, o arrendatário pode depositar as rendas posteriores, sem necessidade de nova oferta de pagamento nem de comunicação dos depósitos sucessivos.

2 – Os depósitos posteriores são considerados dependência e consequência do depósito inicial, valendo quanto a eles o que for decidido em relação a este.

ARTIGO 21º
Impugnação do depósito

1 – A impugnação do depósito deve ocorrer no prazo de 20 dias contados da comunicação, seguindo-se, depois, o disposto na lei de processo sobre a impugnação da consignação em depósito.

2 – *(Revogado)*

3 – O processo de depósito é apensado ao da ação de despejo, em cujo despacho saneador se deve conhecer da subsistência do depósito e dos seus efeitos, salvo se a decisão depender da prova ainda não produzida.

ARTIGO 22º
Levantamento do depósito pelo senhorio

1 – O senhorio pode levantar o depósito mediante escrito em que declare que não o impugnou nem pretende impugnar.

2 – O escrito referido no número anterior é assinado pelo senhorio ou pelo seu representante, devendo a assinatura ser reconhecida por notário, quando não se apresente o bilhete de identidade respetivo.

3 – O depósito impugnado pelo senhorio só pode ser levantado após decisão judicial e de harmonia com ela.

ARTIGO 23º
Falsidade da declaração

Quando a declaração referida no artigo anterior seja falsa, a impugnação fica sem efeito e o declarante incorre em multa equivalente ao dobro da quantia depositada, sem prejuízo da responsabilidade penal correspondente ao crime de falsas declarações.

SECÇÃO VI
DETERMINAÇÃO DA RENDA

ARTIGO 24º
Coeficiente de atualização

1 – O coeficiente de atualização anual de renda dos diversos tipos de arrendamento é o resultante da totalidade da variação do índice de preços no consumidor, sem habitação, correspondente aos últimos 12 meses e para os quais existam valores disponíveis à data de 31 de Agosto, apurado pelo Instituto Nacional de Estatística.

2 – O aviso com o coeficiente referido no número anterior é publicado no Diário da República até 30 de Outubro de cada ano.

ARTIGO 25º
Arredondamento

1 – A renda resultante da atualização referida no artigo anterior é arredondada para a unidade cêntimo imediatamente superior.

2 – O mesmo arredondamento aplica-se nos demais casos de determinação da renda com recurso a fórmulas aritméticas.

TÍTULO II
NORMAS TRANSITÓRIAS

CAPÍTULO I
CONTRATOS HABITACIONAIS CELEBRADOS NA VIGÊNCIA DO RAU E CONTRATOS NÃO HABITACIONAIS CELEBRADOS DEPOIS DO DECRETO-LEI Nº 257/95, DE 30 DE SETEMBRO

ARTIGO 26º
Regime

1 – Os contratos para fins habitacionais celebrados na vigência do Regime do Arrendamento Urbano (RAU), aprovado pelo Decreto-Lei nº 321-B/90, de 15 de Outubro, bem como os contratos para fins não habitacionais celebrados na vigência do Decreto-Lei nº 257/95, de 30 de Setembro, passam a estar submetidos ao NRAU, com as especificidades dos números seguintes.

2 – À transmissão por morte aplica-se o disposto nos artigos 57º e 58º.

3 – Quando não sejam denunciados por qualquer das partes, os contratos de duração limitada renovam-se automaticamente no fim do prazo pelo qual foram celebrados, pelo período de dois anos ou, quando se trate de arrendamento não habitacional, pelo período de três anos, e, em ambos os casos, se outro superior não tiver sido previsto.

4 – Os contratos sem duração limitada regem-se pelas regras aplicáveis aos contratos de duração indeterminada, com as seguintes especificidades:

a) Continua a aplicar-se o disposto na alínea *a)* do nº 1 do artigo 107º do RAU;

b) Para efeitos das indemnizações previstas no nº 1 do artigo 1102º e na alínea *a)* do nº 6 e no nº 9 do artigo 1103º do Código Civil, a renda é calculada de acordo com os critérios previstos nas alíneas *a)* e *b)* do nº 2 do artigo 35º da presente lei;

c) O disposto na alínea *c)* do artigo 1101º do Código Civil não se aplica se o arrendatário tiver idade igual ou superior a 65 anos ou deficiência com grau comprovado de incapacidade igual ou superior a 60%.

5 – Em relação aos arrendamentos para habitação, cessa o disposto nas alíneas *a)* do número anterior após transmissão por morte para filho ou enteado ocorrida depois da entrada em vigor da presente lei.

6 – (...)

7 – Os direitos conferidos nos números anteriores ao arrendatário podem ser invocados pelo subarrendatário, quando se trate de subarrendamento autorizado ou ratificado nos termos da lei.

CAPÍTULO II
CONTRATOS HABITACIONAIS CELEBRADOS ANTES DA VIGÊNCIA DO RAU E CONTRATOS NÃO HABITACIONAIS CELEBRADOS ANTES DO DECRETO-LEI Nº 257/95, DE 30 DE SETEMBRO

SECÇÃO I
DISPOSIÇÕES GERAIS

ARTIGO 27º
Âmbito

As normas do presente capítulo aplicam-se aos contratos de arrendamento para habitação celebrados antes da entrada em vigor do RAU, aprovado pelo Decreto-Lei nº 321-B/90, de 15 de Outubro, bem como aos contratos para fins não habitacionais celebrados antes da entrada em vigor do Decreto-Lei nº 257/95, de 30 de Setembro.

ARTIGO 28º
Regime

1 – Aos contratos a que se refere o artigo anterior aplica-se, com as necessárias adaptações, o disposto no artigo 26º, com as especificidades constantes dos números seguintes e dos artigos 30º a 37º e 50º a 54º.

2 – Aos contratos referidos no número anterior não se aplica o disposto na alínea c) do artigo 1101º do Código Civil.

3 – *(Revogado)*

4 – *(Revogado)*

5 – *(Revogado)*

6 – Os direitos conferidos nos números anteriores ao arrendatário podem ser invocados pelo subarrendatário, quando se trate de subarrendamento autorizado ou ratificado nos termos da lei.

ARTIGO 29º
Benfeitorias

1 – Salvo estipulação em contrário, a cessação do contrato dá ao arrendatário direito a compensação pelas obras licitamente feitas, nos termos aplicáveis às benfeitorias realizadas por possuidor de boa fé.

2 – A denúncia do contrato de arrendamento nos termos da alínea *d)* do nº 3 do artigo 31º e da alínea *d)* do nº 3 do artigo 51º confere ao arrendatário o direito a compensação pelas obras licitamente feitas, nos termos aplicáveis às benfeitorias realizadas por possuidor de boa fé, independentemente do estipulado no contrato de arrendamento e ainda que as obras não tenham sido autorizadas pelo senhorio.

3 – A cessação do contrato de arrendamento para fins não habitacionais por iniciativa do senhorio, nos termos das alíneas *b)* do artigo 1101º do Código Civil e nos termos da alínea *a)* do nº 5 do artigo 33º, aplicável por força do artigo 52º, confere ao arrendatário o direito a compensação pelas obras licitamente feitas, nos termos aplicáveis às benfeitorias realizadas por possuidor de boa fé, independentemente do estipulado no contrato de arrendamento e ainda que as obras não tenham sido autorizadas pelo senhorio.

SECÇÃO II
ARRENDAMENTO PARA HABITAÇÃO

ARTIGO 30º
Iniciativa do senhorio

A transição para o NRAU e a atualização de renda dependem de iniciativa do senhorio, que deve comunicar a sua intenção ao arrendatário, indicando, sob pena de ineficácia da sua comunicação:

a) O valor da renda, o tipo e a duração do contrato proposto;

b) O valor do locado, avaliado nos termos dos artigos 38º e seguintes do Código do Imposto Municipal sobre Imóveis (CIMI), constante da caderneta predial urbana;

c) Cópia da caderneta predial urbana;

d) Que o prazo de resposta é de 30 dias;

e) O conteúdo que pode apresentar a resposta nos termos do nº 3 do artigo seguinte;

f) As circunstâncias que o arrendatário pode invocar, isolada ou conjuntamente com a resposta prevista na alínea anterior, e no mesmo prazo, conforme previsto no nº 4 do artigo seguinte, e a necessidade de serem apresentados os respectivos documentos comprovativos, nos termos do disposto no artigo 32º;

g) As consequências da falta de resposta, bem como da não invocação de qualquer das circunstâncias previstas no nº 4 do artigo seguinte.

ARTIGO 31º
Resposta do arrendatário

1 – O prazo para a resposta do arrendatário é de 30 dias a contar da receção da comunicação prevista no artigo anterior.

2 – Quando termine em dias diferentes o prazo de vários sujeitos, a resposta pode ser oferecida até ao termo do prazo que começou a correr em último lugar.

3 – O arrendatário, na sua resposta, pode:

a) Aceitar o valor da renda proposto pelo senhorio;

b) Opor-se ao valor da renda proposto pelo senhorio, propondo um novo valor, nos termos e para os efeitos previstos no artigo 33º;

c) Em qualquer dos casos previstos nas alíneas anteriores, pronunciar-se quanto ao tipo e ou à duração do contrato propostos pelo senhorio;

d) Denunciar o contrato de arrendamento, nos termos e para os efeitos previstos no artigo 34º.

4 – Se for caso disso, o arrendatário deve ainda, na sua resposta, invocar, isolada ou cumulativamente, as seguintes circunstâncias:

a) Rendimento anual bruto corrigido (RABC) do seu agregado familiar inferior a cinco retribuições mínimas nacionais anuais (RMNA), nos termos e para os efeitos previstos nos artigos 35º e 36º;

b) Idade igual ou superior a 65 anos ou deficiência com grau comprovado de incapacidade igual ou superior a 60 %, nos termos e para os efeitos previstos no artigo 36º.

5 – As circunstâncias previstas nas alíneas do número anterior só podem ser invocadas quando o arrendatário tenha no locado a sua residência permanente ou quando a falta de residência permanente for devida a caso de força maior ou doença.

6 – O arrendatário pode, no prazo previsto no nº 1, reclamar de qualquer incorrecção na inscrição matricial do locado, nos termos do disposto no artigo 130º do CIMI, junto do serviço de finanças competente.

7 – A reclamação referida no número anterior não suspende a atualização da renda, mas quando determine uma diminuição do valor da renda, há lugar à recuperação pelo arrendatário, da diminuição do valor da renda, desde a data em que foi devida a renda atualizada.

8 – O montante a deduzir a título de recuperação da diminuição do valor da renda, calculado nos termos do número anterior, não pode ultrapassar, em cada mês, metade da renda devida, salvo quando exista acordo entre as partes ou se verifique a cessação do contrato.

9 – A falta de resposta do arrendatário vale como aceitação da renda, bem como do tipo e da duração do contrato propostos pelo senhorio, ficando o contrato submetido ao NRAU a partir do 1º dia do segundo mês seguinte ao do termo do prazo previsto nos nºs 1 e 2.

10 – Caso o arrendatário aceite o valor da renda proposto pelo senhorio, o contrato fica submetido ao NRAU a partir do 1º dia do segundo mês seguinte ao da receção da resposta:

a) De acordo com o tipo e a duração acordados;

b) No silêncio ou na falta de acordo das partes acerca do tipo ou da duração do contrato, este considera-se celebrado com prazo certo, pelo período de cinco anos.

11 – O RABC é definido em diploma próprio.

ARTIGO 32º
Comprovação da alegação

1 – O arrendatário que invoque a circunstância prevista na alínea *a)* do nº 4 do artigo anterior faz acompanhar a sua resposta de documento comprovativo emitido pelo serviço de finanças competente, do qual conste o valor do RABC do seu agregado familiar.

2 – O arrendatário que não disponha, à data da sua resposta, do documento referido no número anterior, faz acompanhar a resposta do comprovativo de ter o mesmo sido já requerido, devendo juntá-lo no prazo de 15 dias após a sua obtenção.

3 – O RABC refere-se ao ano civil anterior ao da comunicação.

4 – O arrendatário que invoque as circunstâncias previstas na alínea *b)* do nº 4 do artigo anterior faz acompanhar a sua resposta, conforme os casos, de documento comprovativo de ter completado 65 anos, ou de documento comprovativo da deficiência alegada, sob pena de não poder prevalecer-se das referidas circunstâncias.

ARTIGO 33º
Oposição pelo arrendatário e denúncia pelo senhorio

1 – Sem prejuízo do disposto nos artigos 35º e 36º, caso o arrendatário se oponha ao valor da renda, ao tipo e ou à duração do contrato propostos pelo senhorio, propondo outros, o senhorio, no prazo de 30 dias contados da receção da resposta daquele, deve comunicar ao arrendatário se aceita ou não a proposta.

2 – A oposição do arrendatário ao valor da renda proposto pelo senhorio não acompanhada de proposta de um novo valor vale como proposta de manutenção do valor da renda em vigor à data da comunicação do senhorio.

3 – A falta de resposta do senhorio vale como aceitação da renda, bem como do tipo e da duração do contrato propostos pelo arrendatário.

4 – Se o senhorio aceitar o valor da renda proposto pelo arrendatário, ou verificando-se o disposto no número anterior, o contrato fica submetido ao NRAU a partir do 1º dia do segundo mês seguinte ao da receção, pelo arrendatário, da comunicação prevista no nº 1 ou do termo do prazo aí previsto:

a) De acordo com o tipo e a duração acordados;

b) No silêncio ou na falta de acordo das partes acerca do tipo ou da duração do contrato, este considera-se celebrado com prazo certo, pelo período de cinco anos.

5 – Se o senhorio não aceitar o valor de renda proposto pelo arrendatário, pode, na comunicação a que se refere o nº 1:

a) Denunciar o contrato de arrendamento, pagando ao arrendatário uma indemnização equivalente a cinco anos de renda resultante do valor médio das propostas formuladas pelo senhorio e pelo arrendatário; ou

b) Actualizar a renda de acordo com os critérios previstos nas alíneas *a)* e *b)* do nº 2 do artigo 35º, considerando-se o contrato celebrado com prazo certo, pelo período de cinco anos a contar da referida comunicação.

6 – A indemnização a que se refere a alínea *a)* do número anterior é agravada para o dobro ou em 50% se a renda oferecida pelo arrendatário não for inferior à proposta pelo senhorio em mais de 10% ou de 20%, respetivamente.

7 – Sem prejuízo do disposto no número seguinte, a denúncia prevista na alínea *a)* do nº 5 produz efeitos no prazo de seis meses a contar da receção da correspondente comunicação, devendo então o arrendatário desocupar o locado e entregá-lo ao senhorio no prazo de 30 dias.

8 – No caso de arrendatário que tenha a seu cargo filho ou enteado menor de idade ou que, tendo idade inferior a 26 anos, frequente o 11º ou o 12º ano de escolaridade ou cursos de ensino pós-secundário não superior ou de ensino superior, a denúncia prevista na alínea *a)* do nº 5 produz efeitos no prazo de 1 ano, devendo então o arrendatário desocupar o locado e entregá-lo ao senhorio no prazo de 30 dias.

9 – A indemnização prevista na alínea *a)* do nº 5 e no nº 6 é paga no momento da entrega do locado ao senhorio.

10 – No período compreendido entre a receção da comunicação pela qual o senhorio denuncia o contrato e a produção de efeitos da denúncia, nos termos dos nºs 7 e 8, vigora a renda antiga ou a renda proposta pelo arrendatário, consoante a que for mais elevada.

ARTIGO 34º
Denúncia pelo arrendatário

1 – Caso o arrendatário denuncie o contrato, a denúncia produz efeitos no prazo de dois meses a contar da receção pelo senhorio da resposta prevista na alínea *d)* do nº 3 do artigo 31º, devendo então o arrendatário desocupar o locado e entregá-lo ao senhorio no prazo de 30 dias.

2 – No caso previsto no número anterior não há lugar a atualização da renda.

ARTIGO 35º
Arrendatário com RABC inferior a cinco RMNA

1 – Caso o arrendatário invoque e comprove que o RABC do seu agregado familiar é inferior a cinco RMNA, o contrato só fica submetido ao NRAU mediante acordo entre as partes ou, na falta deste, no prazo de oito anos a contar da receção, pelo senhorio, da resposta do arrendatário nos termos da alínea *a)* do nº 4 do artigo 31º.

2 – No período de oito anos referido no número anterior, a renda pode ser atualizada nos seguintes termos:

a) O valor actualizado da renda tem como limite máximo o valor anual correspondente a 1/15 do valor do locado;

b) O valor do locado corresponde ao valor da avaliação realizada nos termos dos artigos 38º e seguintes do CIMI;

c) O valor actualizado da renda corresponde, até à aprovação dos mecanismos de protecção e compensação social:

i) A um máximo de 25% do RABC do agregado familiar do arrendatário, com o limite previsto na alínea *a)*;

ii) A um máximo de 17% do RABC do agregado familiar do arrendatário, com o limite previsto na alínea *a)*, no caso de o rendimento do agregado familiar ser inferior a € 1500 mensais;

iii) A um máximo de 15% do RABC do agregado familiar do arrendatário, com o limite previsto na alínea *a)*, no caso de o rendimento do agregado familiar ser inferior a € 1000 mensais;

iv) A um máximo de 13% do RABC do agregado familiar do arrendatário, com o limite previsto na alínea *a)*, no caso de o rendimento do agregado familiar ser inferior a € 750 mensais;

v) A um máximo de 10% do RABC do agregado familiar do arrendatário, com o limite previsto na alínea *a)*, no caso de o rendimento do agregado familiar ser inferior a € 500 mensais.

d) O arrendatário pode requerer a reavaliação do locado, nos termos do Código do IMI.

3 – Quando for atualizada, a renda é devida no 1º dia do segundo mês seguinte ao da receção, pelo arrendatário, da comunicação com o respetivo valor.

4 – Sem prejuízo do disposto no número seguinte, o valor atualizado da renda, no período de oito anos referido no nº 1, corresponde ao valor da primeira renda devida.

5 – Nos anos seguintes aos da invocação da circunstância regulada no presente artigo, o inquilino faz prova dessa circunstância, pela mesma forma e até ao dia 30 de setembro, quando essa prova seja exigida pelo senhorio até ao dia 1 de setembro do respectivo ano, sob pena de não poder prevalecer-se daquela circunstância.

6 – Findo o prazo de oito anos referido no nº 1, o senhorio pode promover a transição do contrato para o NRAU, aplicando-se, com as necessárias adaptações, o disposto nos artigos 30º e seguintes, com as seguintes especificidades:

a) O arrendatário não pode invocar as circunstâncias previstas nas alíneas do nº 4 do artigo 31º;

b) No silêncio ou na falta de acordo das partes acerca do tipo ou da duração do contrato, este considera-se celebrado com prazo certo, pelo período de cinco anos.

ARTIGO 36º
Arrendatário com idade igual ou superior a 65 anos ou com deficiência com grau de incapacidade igual ou superior a 60%

1 – A transição do contrato para o NRAU fica sujeita a acordo entre as partes, aplicando -se, no que respeita ao valor da renda, o disposto nos números seguintes, caso o arrendatário invoque e comprove que:

a) Possui idade igual ou superior a 65 anos ou deficiência com grau comprovado de incapacidade igual ou superior a 60 %; ou que

b) Reside há mais de cinco anos no locado cônjuge, unido de facto ou parente do arrendatário no primeiro grau da linha reta, que se encontre numa das condições previstas na alínea anterior, sendo o RABC do agregado familiar inferior a 5 RMNA.

2 – Se o arrendatário aceitar o valor da renda proposto pelo senhorio, a nova renda é devida no 1º dia do segundo mês seguinte ao da receção, pelo senhorio, da resposta.

3 – Se o arrendatário se opuser ao valor da renda proposto pelo senhorio, propondo um novo valor, o senhorio, no prazo de 30 dias contados da receção da resposta do arrendatário, deve comunicar-lhe se aceita ou não a renda proposta.

4 – A falta de resposta do senhorio vale como aceitação da renda proposta pelo arrendatário.

5 – Se o senhorio aceitar o valor da renda proposto pelo arrendatário, ou verificando-se o disposto no número anterior, a nova renda é devida no 1º dia do segundo mês seguinte ao da receção, pelo senhorio, da resposta ou do termo do prazo para esta, consoante os casos.

6 – Se o senhorio não aceitar o valor da renda proposto pelo arrendatário, o contrato mantém-se em vigor sem alteração do regime que lhe é aplicável, sendo o valor da renda apurado nos termos das alíneas *a)* e *b)* do nº 2 do artigo anterior, sem prejuízo do disposto no número seguinte.

7 – Se o arrendatário invocar e comprovar que o RABC do seu agregado familiar é inferior a cinco RMNA:

a) O valor da renda é apurado nos termos dos nºs 2 e 3 do artigo anterior;

b) O valor da renda vigora por um período de 10 anos, correspondendo ao valor da primeira renda devida;

c) É aplicável o disposto no nº 5 do artigo anterior.

8 – Quando for actualizada, a renda é devida no 1º dia do segundo mês seguinte ao da receção, pelo arrendatário, da comunicação com o respetivo valor.

9 – Findo o período de 10 anos a que se refere a alínea *b)* do nº 7:

a) O valor da renda pode ser actualizado por iniciativa do senhorio, aplicando-se, com as necessárias adaptações, o disposto nos artigos 30º e seguintes, não podendo o arrendatário invocar a circunstância prevista na alínea *a)* do nº 4 do artigo 31º;

b) O contrato só fica submetido ao NRAU mediante acordo entre as partes.

10 – Em caso de transição de contrato para o NRAU nos termos do artigo 30º e seguintes, sem que tenha sido exercido o direito à aplicação do disposto nos nºs 1 ou 7 do presente artigo, se o arrendatário residir há mais de 15 anos no locado e o demonstrar mediante atestado emitido pela junta de freguesia da sua área de residência, e tiver, à data da transição do contrato, idade igual ou superior a 65 anos de idade ou grau comprovado de deficiência igual ou superior a 60%, o senhorio apenas pode opor -se à renovação do contrato com o fundamento previsto na alínea *b)* do artigo 1101º do Código Civil, aplicando-se com as devidas adaptações os requisitos estabelecidos no artigo 1102º do mesmo código.

11 – Na renovação do contrato prevista no número anterior, o senhorio pode proceder à atualização extraordinária da renda até ao limite estabelecido nas alíneas *a)* e *b)* do nº 2 do artigo 35º do NRAU, aplicando-se para o efeito o disposto nos artigos 30º e seguintes daquele regime jurídico, mantendo-se o valor da referida renda quando este seja igual ou superior àquele limite.

12 – A atualização extraordinária da renda prevista no número anterior não pode ultrapassar anualmente 20% do valor da diferença entre 1/15 do Valor Patrimonial Tributário do locado e da renda anterior à atualização extraordinária ali prevista.

13 – No caso previsto no nº 9 e no caso de atualização extraordinária de renda previsto no número anterior, o arrendatário tem direito a subsídio de renda, nos termos de diploma próprio, sem prejuízo do acesso às demais modalidades de apoio habitacional aplicáveis.

ARTIGO 37º
Valor da renda

Se o valor da renda apurado nos termos da alínea *b)* do nº 5 do artigo 33º, do nº 2 do artigo 35º ou dos nºs 6 e 7 do artigo 36º for inferior ao valor que resultaria da atualização anual prevista no nº 1 do artigo 24º, é este o aplicável.

ARTIGO 38º
Atualização faseada do valor da renda
(Revogado)

ARTIGO 39º
Atualização em dois anos
(Revogado)

ARTIGO 40º
Atualização em cinco anos
(Revogado)

ARTIGO 41º
Atualização em 10 anos
(Revogado)

ARTIGO 42º
Comunicação do senhorio ao serviço de finanças
(Revogado)

ARTIGO 43º
Aplicação da nova renda
(Revogado)

ARTIGO 44º
Comprovação da alegação
(Revogado)

ARTIGO 45º
Regime especial de faseamento
(Revogado)

ARTIGO 46º
Subsídio de renda
(Revogado)

ARTIGO 47º
Alteração de circunstâncias
(Revogado)

ARTIGO 49º
Comissão arbitral municipal
(Revogado)

SECÇÃO III
ARRENDAMENTO PARA FIM NÃO HABITACIONAL

ARTIGO 50º
Iniciativa do senhorio

A transição para o NRAU e a atualização da renda dependem de iniciativa do senhorio, que deve comunicar a sua intenção ao arrendatário, indicando:

a) O valor da renda, o tipo e a duração do contrato propostos;

b) O valor do locado, avaliado nos termos dos artigos 38º e seguintes do CIMI, acompanhado de cópia da caderneta predial urbana;

c) Cópia da caderneta predial urbana;

d) Que o prazo de resposta é de 30 dias;

e) O conteúdo que pode apresentar a resposta nos termos do nº 3 do artigo seguinte;

f) As circunstâncias que o arrendatário pode invocar, isolada ou conjuntamente com a resposta prevista na alínea anterior, e no mesmo prazo, conforme previsto no nº 4 do artigo seguinte, e a necessidade de serem apresentados os respectivos documentos comprovativos, nos termos do disposto no nº 6 do mesmo artigo;

g) As consequências da falta de resposta, bem como da não invocação de qualquer das circunstâncias previstas no nº 4 do artigo seguinte.

ARTIGO 51º
Resposta do arrendatário

1 – O prazo para a resposta do arrendatário é de 30 dias a contar da receção da comunicação prevista no artigo anterior.

2 – Quando termine em dias diferentes o prazo de vários sujeitos, a resposta pode ser oferecida até ao termo do prazo que começou a correr em último lugar.

3 – O arrendatário, na sua resposta, pode:

a) Aceitar o valor da renda proposto pelo senhorio;

b) Opor-se ao valor da renda proposto pelo senhorio, propondo um novo valor, nos termos e para os efeitos previstos no artigo 52º;

c) Em qualquer dos casos previstos nas alíneas anteriores, pronunciar-se quanto ao tipo e ou à duração do contrato propostos pelo senhorio;

d) Denunciar o contrato de arrendamento, nos termos e para os efeitos previstos no artigo 53º.

4 – Se for caso disso, o arrendatário deve ainda, na sua resposta, nos termos e para os efeitos previstos no artigo 54º, invocar uma das seguintes circunstâncias:

a) Que existe no locado um estabelecimento comercial aberto ao público e que é uma microempresa;

b) Que no locado funciona uma pessoa coletiva de direito privado sem fins lucrativos, regularmente constituída, que se dedica à atividade cultural, recreativa, de solidariedade social ou desportiva não profissional, e declarada de interesse público ou de interesse nacional ou municipal, ou uma pessoa coletiva de direito privado que prossiga uma atividade declarada de interesse nacional;

c) Que o locado funciona como casa fruída por república de estudantes, nos termos previstos na Lei nº 2/82, de 15 de janeiro, alterada pela Lei nº 12/85, de 20 de junho;

d) Que existe no locado um estabelecimento ou uma entidade de interesse histórico e cultural ou social local reconhecidos pelo município, nos termos do respetivo regime jurídico.

5 – Para efeitos da presente lei, «microempresa» é a empresa que, independentemente da sua forma jurídica, não ultrapasse, à data do balanço, dois dos três limites seguintes:

a) Total do balanço € 2 000 000;

b) Volume de negócios líquido: € 2 000 000;

c) Número médio de empregados durante o exercício: 10.

6 – O arrendatário que invoque uma das circunstâncias previstas no nº 4 faz acompanhar a sua resposta de documento comprovativo da mesma, sob pena de não poder prevalecer-se da referida circunstância.

7 – É aplicável, com as necessárias adaptações, o disposto nos nºs 6 a 10 do artigo 31º.

ARTIGO 52º
Oposição pelo arrendatário e denúncia pelo senhorio

Sem prejuízo do disposto no artigo 54º, é aplicável à oposição pelo arrendatário e à denúncia pelo senhorio, com as necessárias adaptações, o disposto no artigo 33º, com exceção do nº 8.

ARTIGO 53º
Denúncia pelo arrendatário

À denúncia pelo arrendatário é aplicável, com as necessárias adaptações, o disposto no artigo 34º.

ARTIGO 54º
Invocação de circunstâncias pelo arrendatário

1 – Caso o arrendatário invoque e comprove uma das circunstâncias previstas no nº 4 do artigo 51º, o contrato só fica submetido ao NRAU mediante acordo entre as partes ou, na falta deste, no prazo de 10 anos a contar da receção, pelo senhorio, da resposta do arrendatário nos termos do nº 4 do artigo 51º.

2 – No período de 10 anos referido no número anterior, o valor atualizado da renda é determinado de acordo com os critérios previstos nas alíneas *a)* e *b)* do nº 2 do artigo 35º.

3 – Se o valor da renda apurado nos termos do número anterior for inferior ao valor que resultaria da atualização anual prevista no nº 1 do artigo 24º, é este o aplicável.

4 – Quando for actualizada, a renda é devida no 1º dia do segundo mês seguinte ao da receção, pelo arrendatário, da comunicação com o respetivo valor.

5 – Nos anos seguintes aos da invocação da circunstância regulada no presente artigo, o inquilino faz prova dessa circunstância, pela mesma forma e até ao dia 30 de setembro, quando essa prova seja exigida pelo senhorio até ao dia 1 de setembro do respectivo ano, sob pena de não poder prevalecer-se daquela circunstância.

6 – Findo o período de 10 anos referido no nº 1, o senhorio pode promover a transição do contrato para o NRAU, aplicando-se, com as necessárias adaptações, o disposto nos artigos 50º e seguintes, com as seguintes especificidades:

a) O arrendatário não pode invocar novamente qualquer das circunstâncias previstas no nº 4 do artigo 51º;

b) No silêncio ou na falta de acordo das partes acerca do tipo ou da duração do contrato, este considera-se celebrado com prazo certo, pelo período de cinco anos;

c) Durante o prazo de cinco anos previsto na alínea anterior e na falta de acordo das partes acerca do valor da renda, o senhorio pode atualizar a renda, de acordo com os critérios previstos nas alíneas *a)* e *b)* do nº 2 do artigo 35º, com aplicação dos coeficientes de atualização anual respetivos, definidos nos termos do artigo 24º.

ARTIGO 55º
Resposta do arrendatário

(Revogado)

ARTIGO 56º
Atualização imediata da renda

(Revogado)

SECÇÃO IV
TRANSMISSÃO

ARTIGO 57º
Transmissão por morte no arrendamento para habitação

1 – O arrendamento para habitação não caduca por morte do primitivo arrendatário quando lhe sobreviva:

a) Cônjuge com residência no locado;

b) Pessoa que com ele vivesse em união de fato há mais de dois anos, com residência no locado há mais de um ano;

c) Ascendente em primeiro grau que com ele convivesse há mais de um ano;

d) Filho ou enteado com menos de 1 ano de idade ou que com ele convivesse há mais de um ano e seja menor de idade ou, tendo idade inferior a 26 anos, frequente o 11º ou 12º ano de escolaridade ou estabelecimento de ensino médio ou superior;

e) Filho ou enteado, que com ele convivesse há mais de um ano, portador de deficiência com grau comprovado de incapacidade igual ou superior a 60%.

f) Filho ou enteado, que com ele convivesse há mais de cinco anos, com idade igual ou superior a 65 anos, desde que o RABC do agregado seja inferior a 5 RMNA.

2 – Nos casos do número anterior, a posição do arrendatário transmite-se, pela ordem das respectivas alíneas, às pessoas nele referidas, preferindo, em igualdade de condições, sucessivamente, o ascendente, filho ou enteado mais velho.

3 – O direito à transmissão previsto nos números anteriores não se verifica se, à data da morte do arrendatário, o titular desse direito tiver outra casa, própria ou arrendada, na área dos concelhos de Lisboa ou do Porto e seus limítrofes ou no respetivo concelho quanto ao resto do País.

4 – Sem prejuízo do disposto no número seguinte, quando ao arrendatário sobreviva mais de um ascendente, há transmissão por morte entre eles.

5 – Quando a posição do arrendatário se transmita para ascendente com idade inferior a 65 anos à data da morte do arrendatário, o contrato fica submetido ao NRAU, aplicando-se, na falta de acordo entre as partes, o disposto para os contratos com prazo certo, pelo período de dois anos.

6 – Salvo no caso previsto na alínea *e)* do nº 1, quando a posição do arrendatário se transmita para filho ou enteado nos termos da alínea *d)* do mesmo número, o contrato fica submetido ao NRAU na data em que aquele adquirir a maioridade ou, caso frequente o 11º ou 12º ano de escolaridade ou estabelecimento de ensino médio ou superior, na data em que perfizer 26 anos, aplicando-se, na falta de acordo entre as partes, o disposto para os contratos com prazo certo, pelo período de dois anos.

ARTIGO 57º-A
Transmissão por morte no realojamento para habitação por obras ou demolição

No caso de morte do arrendatário realojado por efeitos da alínea *b)* do artigo 1101º do Código Civil por iniciativa do senhorio, o arrendamento não caduca por morte do primitivo arrendatário, aplicando-se-lhe o regime previsto no artigo anterior.

ARTIGO 58º
Transmissão por morte no arrendamento para fins não habitacionais

1 – O arrendamento para fins não habitacionais termina com a morte do primitivo arrendatário, salvo existindo sucessor que há mais de três anos exerça profissão liberal ou explore estabelecimento comercial, no locado, em comum com o arrendatário primitivo.

2 – O sucessor com direito à transmissão comunica ao senhorio, nos três meses posteriores ao decesso, a vontade de continuar a exploração.

TÍTULO III
NORMAS FINAIS

ARTIGO 59º
Aplicação no tempo

1 – O NRAU aplica-se aos contratos celebrados após a sua entrada em vigor, bem como às relações contratuais constituídas que subsistam nessa data, sem prejuízo do previsto nas normas transitórias.

2 – A aplicação da alínea *a)* do nº 1 do artigo 1091º do Código Civil não determina a perda do direito de preferência por parte de arrendatário que dele seja titular aquando da entrada em vigor da presente Lei.

3 – As normas supletivas contidas no NRAU só se aplicam aos contratos celebrados antes da entrada em vigor do presente diploma quando não sejam em sentido oposto ao de norma supletiva vigente aquando da celebração, caso em que é essa a norma aplicável.

ARTIGO 60º
Norma revogatória

1 – É revogado o RAU, aprovado pelo Decreto-Lei nº 321-B/90, de 15 de Outubro, com todas as alterações subsequentes, salvo nas matérias a que se referem os artigos 26º e 28º da presente lei.

2 – As remissões legais ou contratuais para o RAU consideram-se feitas para os lugares equivalentes do NRAU, com as adaptações necessárias.

ARTIGO 61º
Manutenção de regimes

Até à publicação de novos regimes, mantêm-se em vigor os regimes da renda condicionada e da renda apoiada, previstos nos artigos 77º e seguintes do RAU.

ARTIGO 62º
Republicação

O Capítulo IV do Título II do Livro II do Código Civil, composto pelos artigos 1022º a 1113º, é republicado em anexo à presente lei.

ARTIGO 63º
Autorização legislativa

1 – Fica o Governo autorizado a aprovar no prazo de 120 dias os diplomas relativos às seguintes matérias:

a) Regime Jurídico das Obras Coercivas;

b) Definição do conceito fiscal de prédio devoluto.

2 – Em relação ao Regime Jurídico das Obras Coercivas, a autorização tem os seguintes sentido e extensão:

a) O diploma a aprovar tem como sentido permitir a intervenção em edifícios em mau estado de conservação, assegurando a reabilitação urbana nos casos em que o proprietário não queira ou não possa realizar as obras necessárias;

b) A extensão da autorização compreende a consagração, no diploma a aprovar, das seguintes medidas:

i) Possibilidade de o arrendatário se substituir ao senhorio na realização das obras, com efeitos na renda;

ii) Possibilidade de as obras serem efectuadas pela Câmara Municipal, ou por outra entidade pública ou do sector público empresarial, com compensação em termos de participação na fruição do prédio;

iii) Possibilidade de o arrendatário adquirir o prédio, ficando obrigado à sua reabilitação, sob pena de reversão;

iv) Limitações à transmissão do prédio adquirido nos termos da subalínea anterior.

v) Possibilidade de o proprietário de fração autónoma adquirir outras frações do prédio para realização de obras indispensáveis de reabilitação.

3 – Em relação à definição do conceito fiscal de prédio devoluto, a autorização tem os seguintes sentido e extensão:

a) O diploma a aprovar tem como sentido permitir a definição dos casos em que um prédio é considerado devoluto, para efeitos de aplicação da taxa do Imposto Municipal sobre Imóveis;

b) A extensão da autorização compreende a consagração, no diploma a aprovar, dos seguintes critérios:

i) Considerar devolutos os prédios urbanos ou as suas frações autónomas que, durante um ano, se encontrem desocupados;

ii) Ser indício de desocupação a inexistência de contratos em vigor com prestadores de serviços públicos essenciais, ou de facturação relativa a consumos de água, electricidade, gás e telecomunicações;

iii) Não se considerarem devolutos, entre outros, os prédios urbanos ou frações autónomas dos mesmos que forem destinados a habitação por curtos períodos em praias, campo, termas e quaisquer outros lugares de vilegiatura, para arrendamento temporário ou para uso próprio.

c) A extensão da autorização compreende ainda a definição, no diploma a aprovar, dos meios de detecção da situação de devoluto, bem como a indicação da entidade que a ela procede e do procedimento aplicável.

ARTIGO 64º
Legislação complementar

1 – O Governo deve aprovar, no prazo de 120 dias, Decretos-Leis relativos às seguintes matérias:

a) Regime de Determinação do Rendimento Anual Bruto Corrigido;

b) Regime de Determinação e Verificação do Coeficiente de Conservação;

c) Regime de Atribuição do Subsídio de Renda.

2 – O Governo deve aprovar, no prazo de 180 dias, iniciativas legislativas relativas às seguintes matérias:

a) Regime do Património Urbano do Estado e dos Arrendamentos por Entidades Públicas, bem como do Regime das Rendas aplicável;

b) Regime de Intervenção dos Fundos de Investimento Imobiliário e dos Fundos de Pensões em Programas de Renovação e Requalificação Urbana;

c) Criação do Observatório da Habitação e da Reabilitação Urbana, bem como da Base de dados da Habitação;

d) Regime Jurídico da Utilização de Espaços em Centros Comerciais.

ARTIGO 65º
Entrada em vigor

1 – Os artigos 63º e 64º entram em vigor no dia seguinte ao da publicação da presente lei.

2 – As restantes disposições entram em vigor cento e vinte dias após a sua publicação.

Decreto-lei nº 157/2006, de 8 de agosto[3]

Aprova o regime jurídico das obras em prédios arrendados

A Lei nº 6/2006, de 27 de Fevereiro, aprovou o Novo Regime do Arrendamento Urbano (NRAU), dando resposta à necessidade, por todos sentida, de reformar profundamente esta área do ordenamento jurídico.

O NRAU, para sua completa aplicação, carece de um conjunto de legislação complementar, alguma da qual objeto de autorização legislativa da Assembleia da República. Entre esses diplomas complementares encontra-se o diploma relativo ao regime das obras em prédios arrendados, que ora se publica, matéria fulcral tanto na regulação dos novos contratos como na resolução dos problemas de degradação urbanística já existentes.

O presente diploma estrutura-se em duas grandes partes. A primeira aplica-se aos contratos que se vierem a celebrar após a sua entrada em vigor e, ainda, em tudo o que não é excepcionado na segunda parte, aos contratos já existentes. A segunda parte contém um regime especial transitório, aplicável aos contratos de arrendamento para habitação celebrados antes do RAU e aos contratos de arrendamento para fins não habitacionais celebrados antes da entrada em vigor do Decreto-Lei nº 257/95, de 30 de Setembro.

O presente decreto-lei regula as obras efectuadas por iniciativa do senhorio, prevendo a possibilidade de suspensão do contrato ou a sua denúncia. Nos contratos habitacionais anteriores a 1990, a denúncia terá sempre como contrapartida o realojamento. Revoga, pois, a Lei nº 2088, de 3 de Julho de 1957, a qual, além de ser

[3] O Decreto-Lei nº 157/2006 de 8 de Agosto tem a redacção dada pelo Decreto-Lei nº 306/2009 de 23 de Outubro, e pelas Leis nºs 30/2012 de 14 de Agosto, 79/2014 de 19 de Dezembro, 42/2017, 43/2017 de 14 de Junho e 13/2019 de 12 de Fevereiro.

de difícil aplicação, visava promover a construção nova, objectivo que já não corresponde às necessidades atuais. O diploma regula ainda as obras coercivas realizadas pelos municípios em prédios arrendados, substituindo o que a este respeito se dispunha no RAU.

Finalmente, em relação aos contratos antigos, o decreto-lei regula os direitos de intervenção dos arrendatários. Se, em relação aos contratos novos, não é de prever que o problema da degradação urbana se venha a colocar significativamente, fruto da adequação dos valores das rendas e da maior mobilidade, o problema da degradação dos prédios objeto de arrendamentos antigos é sobejamente conhecido. Aqui, não basta enunciar o dever de conservação, é necessário criar os instrumentos legais que possibilitem a efetiva reabilitação. Tal passa por apoiar a reabilitação por parte dos proprietários, o que é tratado em legislação própria, mas exige ainda que seja possível intervir quando o proprietário não possa ou não queira reabilitar o seu património.

Assim, possibilita-se ao arrendatário a realização de obras de reabilitação, com posterior compensação no valor da renda. Possibilita-se ainda ao arrendatário, mediante ação judicial, a aquisição da propriedade do prédio ou fracção, quando esta seja a última solução viável. Este será o caso quando o proprietário não efetue as obras necessárias e o município, a tal instado, também o não faça. Este direito de aquisição pelo arrendatário acarreta a obrigação para o adquirente – e para quem o substitua nos 20 anos seguintes – de reabilitação e de manutenção do prédio. A degradação urbana é um problema que não afecta apenas os habitantes dos prédios degradados, ela afecta toda a comunidade, sendo um obstáculo à sã vivência das cidades e ao próprio desenvolvimento económico, nomeadamente com reflexos negativos no turismo.

Possibilitar a recuperação dos centros históricos, reabilitando em lugar de construir de novo, é objectivo a prosseguir com empenho, devendo o direito de aquisição do locado que este decreto-lei regula ser visto a esta luz, e não somente como um modo de composição do conflito entre as partes.

Foram ouvidos os órgãos de governo próprio das Regiões Autónomas, a Associação Nacional dos Municípios Portugueses, a Ordem dos Advogados, a Ordem dos Engenheiros e a Ordem dos Arquitetos.

Foram, ainda, ouvidas as várias associações com interesses no sector, designadamente a Associação Lisbonense de Proprietários, a Associação dos Inquilinos Lisbonense, a Associação dos Inquilinos do Norte, a Confederação do Comércio e Serviços de Portugal, a Confederação do Turismo Português, a Federação da Restauração, Cafés, Pastelarias e Similares de Portugal, a Federação Portuguesa da Indústria de Construção e Obras Públicas, a Federação Nacional de Comércio, a Associação Portuguesa para a Defesa do Consumidor, e ainda várias entidades representativas das empresas de consultoria e avaliação imobiliária, de mediação mobiliária, de fundos de investimento e de fundos de pensões.

Assim:

No uso da autorização legislativa concedida pela alínea *a)* do nº 1 e pelo nº 2 do artigo 63º da Lei nº 6/2006, de 27 de Fevereiro, e nos termos da alínea *b)* do nº 1 do artigo 198º da Constituição, o Governo decreta o seguinte:

SECÇÃO I
DISPOSIÇÕES COMUNS

ARTIGO 1º
Âmbito

1 – O presente decreto-lei aprova o regime jurídico aplicável:

a) À denúncia do contrato de arrendamento para demolição ou realização de obras de remodelação ou restauro profundos, nos termos do nº 11 do artigo 1103º do Código Civil;

b) À realização de obras coercivas;

c) À edificação em prédio rústico arrendado e não sujeito a regime especial;

d) (...)

e) À desocupação do locado para realização de obras de conservação;

f) À suspensão do contrato de arrendamento para realização de obras de remodelação ou restauro profundos.

2 – O presente decreto-lei estabelece ainda o regime aplicável nos contratos de arrendamento para fim habitacional celebrados antes da vigência do Regime do Arrendamento Urbano (RAU), aprovado pelo Decreto-Lei nº 321-B/90, de 15 de outubro:

a) À denúncia ou suspensão do contrato de arrendamento para demolição ou realização de obras de remodelação ou restauro profundos, quando o arrendatário tiver idade igual ou superior a 65 anos ou deficiência com grau comprovado de incapacidade igual ou superior a 60%;

b) À realização de obras pelo arrendatário.

ARTIGO 2º
Regra geral

1 – Cabe ao senhorio efetuar as obras necessárias à manutenção do estado de conservação do prédio arrendado, nos termos dos artigos 1074º e 1111º do Código Civil, bem como da legislação urbanística aplicável, nomeadamente do regime jurídico da urbanização e da edificação e do regime jurídico da reabilitação urbana.

2 – No caso de o senhorio não efectuar as obras a que está obrigado, o município ou a entidade gestora da operação de reabilitação urbana podem intimá-lo à sua reabilitação, bem como proceder à sua realização coerciva.

ARTIGO 3º
Obras de conservação

1 – Quando seja indispensável para realização das obras referidas no nº 1 do artigo anterior, o senhorio tem o direito a solicitar ao arrendatário, com uma antecedência mínima de três meses, que desocupe o locado pelo prazo necessário à execução das obras, o qual não pode ser superior a 60 dias.

2 – Na situação prevista no número anterior, o senhorio está obrigado ao realojamento do arrendatário, em condições análogas às que este detinha no locado, nos termos previstos nos nºs 3 a 5 do artigo 6º e a suportar as despesas inerentes a essa desocupação.

3 – Para efeitos do exercício da faculdade prevista no nº 1, o senhorio envia uma comunicação ao arrendatário, informando-o do prazo necessário à realização das obras, das condições do realojamento fornecido, assim como da data para a entrega das respetivas chaves e da data para desocupação do locado.

4 – O arrendatário tem direito a ser indemnizado pelos danos que possam advir do não cumprimento do prazo máximo da desocupação.

5 – O senhorio só pode comunicar a necessidade de desocupação do locado para realização de obras de conservação, nos termos do nº 3, se não tiver usado da mesma faculdade nos cinco anos anteriores e se o contrato já tiver, pelo menos, dois anos de duração efetiva.

SECÇÃO II
REGIME GERAL

SUBSECÇÃO I
INICIATIVA DO SENHORIO

ARTIGO 4º
Remodelação ou restauro profundos

1 – Para efeitos do presente decreto-lei, são obras de remodelação ou restauro profundos:

a) As obras de reconstrução, definidas na alínea *c)* do artigo 2º do regime jurídico da urbanização e da edificação, aprovado pelo Decreto-Lei nº 555/99, de 16 de dezembro; ou

b) As obras de alteração ou ampliação, definidas respetivamente na alínea *d)* e *e)* do artigo 2º do regime jurídico da urbanização e da edificação, aprovado pelo Decreto-Lei nº 555/99, de 16 de dezembro, em que:

i) Destas resulte um nível bom ou superior no estado de conservação do locado, de acordo com a tabela referida no nº 3 do artigo 6º da Portaria nº 1192-B/2006, de 3 de novembro; e *ii)* O custo da obra a realizar no locado, incluindo imposto sobre valor acrescentado, corresponda, pelo menos, a 25% do valor aplicável ao locado em função da sua localização e área bruta de construção, de acordo com o valor mediano das vendas por m2 de alojamentos familiares (€), por concelho, divulgado pelo Instituto Nacional de Estatística, I. P., para o trimestre anterior.

2 – *(Revogado.)*

3 – *(Revogado.)*

4 – As obras referidas no nº 1 podem decorrer de intervenções urbanísticas realizadas em área de reabilitação urbana.

5 – Além dos demais elementos previstos na lei, o requerimento de controlo prévio urbanístico respeitante às operações referidas no nº 1 deve ser acompanhado dos seguintes elementos:

a) Indicação da situação de arrendamento existente, se aplicável; e

b) Nos casos da alínea *b)* do nº 1:

i) Orçamento total da operação a realizar, incluindo estimativa do custo total da operação urbanística;

ii) Caderneta predial, que inclui área bruta de construção correspondente ao locado.

6 – Ao arrendatário não pode, em qualquer caso, ser negada a consulta ou a emissão de reprodução ou certidão do processo respeitante ao controlo prévio urbanístico relativo ao locado, dispondo os órgãos competentes do prazo improrrogável de 10 dias para assegurar a garantia de acesso, sem prejuízo dos demais direitos previstos na Lei nº 26/2016, de 22 de agosto, que aprova o regime de acesso à informação administrativa e ambiental e de reutilização dos documentos administrativos.

ARTIGO 5º
Vicissitudes contratuais em caso de remodelação, restauro ou demolição do locado
(Revogado)

ARTIGO 5º-A
Vicissitudes contratuais em caso de demolição ou obras de remodelação ou restauro profundos

1 – Quando o senhorio pretenda realizar obras de remodelação ou restauro profundos, há lugar à suspensão da execução do contrato de arrendamento pelo período de decurso daquelas, sem prejuízo do disposto no número seguinte.

2 – Em caso de demolição ou de obras de remodelação ou restauro profundos que não resulte local com características equivalentes às do locado, onde seja possível a manutenção do arrendamento, o senhorio pode denunciar o contrato de arrendamento, nos termos da alínea *b)* do artigo 1101º do Código Civil.

ARTIGO 6º
Denúncia para remodelação ou restauro

1 – A denúncia do contrato de duração indeterminada para realização de obra de remodelação ou restauro profundos, nos termos da alínea *b)* do artigo 1101º do Código Civil, obriga o senhorio, mediante acordo e em alternativa:

a) Ao pagamento de uma indemnização correspondente a dois anos de renda, não podendo este ser de valor não inferior a duas vezes o montante de 1/15 do valor patrimonial tributário do locado;

b) A garantir o realojamento do arrendatário por período não inferior a três anos.

2 – Caso as partes não cheguem a acordo no prazo de 60 dias a contar da receção da comunicação prevista no nº 1 do artigo 1103º do Código Civil, aplica-se o disposto na alínea *b)* do número anterior, sem prejuízo do disposto no nº 9.

3 – O realojamento do arrendatário previsto na alínea *b)* do nº 1 é feito em condições análogas às que aquele já detinha, quer quanto ao local, quer quanto ao valor da renda e encargos.

4 – Para efeitos do disposto no número anterior, considera-se realojamento em condição análogas quanto ao local o realojamento do arrendatário na área da mesma freguesia ou de freguesia limítrofe, em fogo em estado de conservação igual ou superior ao do locado primitivo e adequado às necessidades do agregado familiar do arrendatário.

5 – Para efeitos do disposto nos nºs 3 e 4, presume-se adequado às necessidades do agregado familiar do arrendatário o fogo cujo tipo se situe entre o mínimo e o máximo previstos no quadro seguinte, de modo que não se verifique sobreocupação:

Composição do agregado familiar (número de pessoas)	Tipos de fogo (1)	
	Mínimo	Máximo
1	T 0	T 1/2
2	T 1/2	T 2/4
3	T 2/3	T 3/6
4	T 2/4	T 3/6
5	T 3/5	T 4/8
6	T 3/6	T 4/8
7	T 4/7	T 5/9
8	T 4/8	T 5/9
9 ou mais	T 5/9	T 6

(1) O tipo de cada fogo é definido pelo número de quartos de dormir e pela sua capacidade de alojamento (exemplo: T 2/3 – dois quartos, três pessoas).

6 – Tratando-se de obra realizada no âmbito do regime da reabilitação urbana aplica-se o disposto no artigo 73º daquele regime.

7 – O regime previsto no presente artigo não é aplicável nos casos em que um estabelecimento ou uma entidade situados no locado tenham sido reconhecidos pelo município como de interesse histórico e cultural ou social local, nos termos do respetivo regime jurídico, casos em que o estabelecimento ou entidade se mantém no locado.

8 – Em caso de remodelação ou restauro profundos de imóvel em que esteja situado estabelecimento ou entidade reconhecidos como de interesse histórico e cultural ou social local, cabe aos municípios salvaguardar a manutenção da atividade e património material existentes no locado, designadamente impondo para o efeito as condicionantes necessárias, no âmbito da respetiva competência de controlo prévio urbanístico e demais competências em matéria urbanística.

9 – Caso o arrendatário não aceite proposta de realojamento conforme com o disposto no nºs 3 a 5 ou caso, tratando-se de arrendamento não habitacional, não seja possível o realojamento, é aplicável o disposto na alínea *a)* do nº 1.

ARTIGO 7º
Denúncia para demolição

1 – A denúncia do contrato pelo senhorio, nos termos da alínea *b)* do artigo 1101º do Código Civil, pode ocorrer quando a mesma demolição:

a) Seja ordenada nos termos do nº 3 do artigo 89º do regime jurídico da urbanização e da edificação ou do artigo 57º do regime jurídico da reabilitação urbana;

b) Seja necessária por força da degradação do prédio, a atestar pelo município;

c) Resulte de plano de ordenamento do território aplicável, nomeadamente de plano de pormenor de reabilitação urbana.

2 – Nas situações previstas no número anterior, aplica-se com as devidas adaptações, o disposto no artigo anterior, sem prejuízo do disposto nos números seguintes.

3 – Nas situações previstas nas alíneas *c)* do nº 1, o proprietário pode pedir à entidade responsável pela execuçãoo do plano o ressarcimento dos custos suportados com o realojamento ou indemnização dos arrendatários.

4 – À denúncia para demolição de imóveis onde se encontrem instalados estabelecimentos ou entidades de interesse histórico e cultural ou social local é aplicável o disposto nos números anteriores e no artigo seguinte.

ARTIGO 7º-A
Denúncia para demolição em caso de estabelecimento ou entidade de interesse histórico e cultural ou social local

1 – Caso um estabelecimento ou uma entidade situados no locado tenham sido reconhecidos pelo município como de interesse histórico e cultural ou social local, estando verificado um dos pressupostos previstos no nº 1 do artigo anterior, a

demolição do imóvel em causa só pode ser permitida pelos órgãos municipais competentes:

a) Nos casos de situação de ruína ou de verificação em concreto da primazia de um bem jurídico superior ao que está presente na tutela dos bens em causa, desde que, em qualquer dos casos, se não mostre viável nem razoável, por qualquer outra forma, a salvaguarda ou o deslocamento do estabelecimento; e

b) Quando a situação de ruína não seja causada pelo incumprimento do dever de conservação exigível ao proprietário.

2 – O disposto no número anterior não prejudica a possibilidade de decretamento das medidas adequadas à manutenção de todos os elementos que se possam salvaguardar, autorizando-se apenas as demolições estritamente necessárias.

3 – Quando a situação de ruína seja causada pelo incumprimento do dever de conservação, consagrado no artigo 89º do regime jurídico da urbanização e da edificação, aprovado pelo Decreto-Lei nº 555/99, de 16 de dezembro, ou do dever de reabilitação de edifícios, consagrado no artigo 6º do regime jurídico da reabilitação urbana, aprovado pelo Decreto-Lei nº 307/2009, de 23 de outubro, o valor da indemnização previsto na alínea *a)* do nº 1 do artigo 6º é duplicado.

4 – Caso a situação de ruína resulte de ação ou omissão culposa por parte do proprietário, o valor da indemnização é de dez anos de renda, determinada de acordo com os critérios previstos nas alíneas *a)* e *b)* do nº 2 do artigo 35º da Lei nº 6/2006, de 27 de fevereiro, que aprova o Novo Regime do Arrendamento Urbano (NRAU).

ARTIGO 8º
Efetivação da denúncia

1 – A denúncia do contrato é feita mediante comunicação ao arrendatário com antecedência não inferior a seis meses sobre a data pretendida para a desocupação e da qual conste, de forma expressa e sob pena de ineficácia, o fundamento da denúncia.

2 – A comunicação referida no número anterior é acompanhada, sob pena de ineficácia da denúncia:

a) De comprovativo de que foi iniciado, junto da entidade competente, procedimento de controlo prévio da operação urbanística a efetuar no locado;

b) De termo de responsabilidade do técnico autor do projecto legalmente habilitado que ateste que a operação urbanística a realizar constitui uma obra de remodelação ou restauro profundos ou uma obra de demolição, nos termos previstos no nº 1 do artigo 4º ou no nº 2 do artigo 5º-A ou no nº 1 do artigo anterior;

c) Nos casos em que estejam em causa obras de alteração ou ampliação, nos termos da alínea *b)* do nº 1 do artigo 4º, de cópia dos elementos entregues juntamente com o requerimento de controlo prévio, referidos na alínea *b)* do nº 5 do mesmo artigo 4º, bem como de documento emitido pelo município que ateste a entrega pelo senhorio destes elementos, no pedido de controlo prévio da operação urbanística.

3 – A denúncia a que se referem os números anteriores é confirmada, sob pena de ineficácia, mediante comunicação ao arrendatário, acompanhada de:

a) Comprovativo de deferimento do correspondente pedido, no caso de operação urbanística sujeita a licença administrativa; ou

b) Comprovativo de que a pretensão não foi rejeitada, no caso de operação urbanística sujeita a comunicação prévia.

4 – No caso previsto no número anterior, a desocupação tem lugar no prazo de 60 dias contados da receção da confirmação, salvo se não se encontrar decorrido o prazo previsto no nº 1, caso em que a desocupação tem lugar até ao termo do último prazo.

5 – Metade da indemnização deve ser paga após a confirmação da denúncia e o restante no ato da entrega do locado, sob pena de ineficácia.

6 – *(Revogado.)*

7 – *(Revogado.)*

ARTIGO 9º
Suspensão
(Revogado)

ARTIGO 9º-A
Direito de preferência em caso de novo arrendamento

1 – O arrendatário no contrato objeto de denúncia nos termos dos artigos anteriores tem direito a exercer direito de preferência no âmbito de novo arrendamento celebrado pelo senhorio.

2 – O direito previsto no presente artigo é oponível ao senhorio que promoveu a denúncia do contrato durante o prazo de dois anos contados a partir da data de cessação do mesmo.

3 – É aplicável, com as devidas adaptações, o regime constante dos artigos 414º e seguintes do Código Civil, sendo, porém, o prazo para o exercício do direito de preferência de 15 dias.

ARTIGO 9º-B
Suspensão

1 – Quando haja lugar à suspensão da execução do contrato para remodelação ou restauro profundos, pelo período de decurso das obras, nos termos do artigo 5º-A, o senhorio fica obrigado a assegurar o realojamento do arrendatário durante esse período.

2 – O realojamento temporário previsto no número anterior deve ser feito no mesmo concelho, em fogo em estado de conservação igual ou superior ao do locado primitivo e adequado às necessidades do agregado familiar do arrendatário, nos termos do nº 5 do artigo 6º, sem prejuízo do disposto no artigo 73º do regime jurídico da reabilitação urbana, aprovado pelo Decreto-Lei nº 307/2009, de 23 de outubro, quando se trate da execução de operação de reabilitação urbana.

3 – No realojamento temporário, mantém-se o valor da renda e encargos do contrato.

4 – Sem prejuízo da manutenção da obrigação de pagamento da renda, o contrato de arrendamento suspende-se no momento da desocupação do locado pelo arrendatário.

ARTIGO 10º
Efetivação da suspensão
(Revogado)

ARTIGO 10º-A
Efetivação da suspensão

1 – A suspensão da execução do contrato para remodelação ou restauro profundos é feita mediante comunicação do senhorio ao arrendatário:

a) Da intenção de proceder a obras que obrigam à desocupação do locado por colocarem em causa as condições de habitabilidade;

b) Do local e das condições do realojamento fornecido;

c) Da data de início e duração previsível das obras.

2 – O arrendatário, após a comunicação prevista no número anterior, pode, em alternativa à suspensão, denunciar o contrato.

3 – No caso previsto no número anterior, cabe ao arrendatário indicar o momento de produção de efeitos da denúncia, que deve ocorrer antes da data de início das obras.

4 – A denúncia do contrato de arrendamento é comunicada ao senhorio no prazo de 30 dias a contar da comunicação referida no nº 1.

5 – Sem prejuízo da manutenção da obrigação de pagamento da renda, o contrato de arrendamento suspende-se no momento da desocupação do locado pelo arrendatário.

6 – O senhorio comunica ao arrendatário a conclusão das obras, devendo o arrendatário reocupar o locado no prazo de três meses, salvo justo impedimento, sob pena de caducidade do contrato de arrendamento.

ARTIGO 11º
Edificação em prédio rústico

O disposto na presente subsecção é aplicável, com as necessárias adaptações, à denúncia de arrendamento de prédio rústico quando o senhorio pretenda aí construir um edifício.

SUBSECÇÃO II
INICIATIVA DO MUNICÍPIO OU DA ENTIDADE GESTORA DA OPERAÇÃO DE REABILITAÇÃO URBANA

ARTIGO 12º
Âmbito

O disposto na presente subsecção aplica-se às obras coercivas executadas em prédios total ou parcialmente arrendados:

a) Pelo município, nos termos do regime jurídico da urbanização e da edificação;

b) Pelo município ou pela entidade gestora da operação de reabilitação urbana, nos termos do regime jurídico da reabilitação urbana.

ARTIGO 13º
Poderes do município e da entidade gestora da operação de reabilitação urbana

Para os efeitos previstos no artigo anterior, a entidade promotora das obras coercivas pode proceder ao despejo administrativo e ocupar o prédio ou fogos, total ou parcialmente, até ao período de um ano após a data da conclusão das obras, após o qual tal ocupação cessa automaticamente.

ARTIGO 14º
Orçamento

1 – O início das obras é precedido da elaboração de um orçamento do respetivo custo, a comunicar ao senhorio, por escrito.

2 – O valor a suportar é acrescido do custo dos trabalhos a mais, decorrentes de circunstâncias imprevisíveis à data da elaboração do orçamento, que se mostrem indispensáveis para a conclusão da obra, com o limite estabelecido no nº 3 do artigo 370º do Código dos Contratos Públicos, aprovado pelo Decreto-Lei nº 18/2008, de 29 de janeiro, na redação que lhe foi dada pelo Decreto-Lei nº 278/2009, de 2 de Outubro.

ARTIGO 15º
Realojamento ou indemnização

1 – A entidade promotora das obras coercivas não pode proceder ao despejo administrativo sem assegurar simultaneamente o realojamento temporário dos arrendatários existentes, sendo aplicável o disposto no artigo 9ºB.

2– Durante o realojamento mantém-se a obrigação de pagamento da renda, havendo lugar ao seu depósito, nos termos do artigo 19º

3 – No caso de arrendamento não habitacional, não sendo possível o realojamento ou não concordando o arrendatário com as condições oferecidas, a entidade promotora das obras coercivas indemniza o arrendatário nos termos da alínea *a)* do nº 1 do artigo 6º, tendo o direito de arrendar o local após as obras, nos termos do artigo 20º, para se ressarcir do valor da indemnização paga.

4 – Nos casos previstos nas alíneas *a)* e *b)* do nº 1 do artigo 7º, aplica-se, com as devidas adaptações, o disposto no artigo 6º, cabendo ao proprietário ressarcir a entidade promotora das obras coercivas dos custos suportados com o realojamento ou indemnização dos arrendatários.

ARTIGO 16º
Comunicação ao arrendatário

Com antecedência não inferior a 30 dias, o arrendatário é notificado, por carta registada ou por afixação de edital na porta da respetiva casa e na sede da junta de freguesia:

a) Da data do despejo administrativo;

b) Do local de realojamento que lhe foi destinado;

c) Da obrigação de retirar todos os bens do local despejando;

d) Da duração previsível das obras;

e) Da obrigação de depositar as rendas, nos termos do artigo 19º.

ARTIGO 17º
Reocupação pelo arrendatário

A entidade promotora das obras coercivas comunica ao arrendatário o fim das obras, devendo o arrendatário reocupar o locado no prazo de três meses, salvo justo impedimento, sob pena de caducidade do contrato de arrendamento.

ARTIGO 18º
Compensação

1 – O ressarcimento do custo das obras coercivas, nos termos do artigo 14º, e, sendo caso disso, do realojamento temporário dos arrendatários existentes, é feito através do recebimento das rendas.

2 – Quando o senhorio o requeira, demonstrando que as rendas são indispensáveis para o sustento do seu agregado familiar ou para a sustentabilidade económica da pessoa coletiva, a entidade promotora das obras coercivas pode autorizar o levantamento de 50 % do valor dos depósitos da renda vigente aquando do início das obras, acrescida das atualizações ordinárias anuais, revertendo o restante para a entidade promotora das obras coercivas.

3 – A autorização referida no número anterior é emitida no prazo de 10 dias após a apresentação do requerimento, acompanhado dos elementos de prova necessários.

ARTIGO 19º
Depósito das rendas

1 – O arrendatário deposita a renda, nos termos dos artigos 17º e seguintes do NRAU, enquanto a entidade promotora das obras coercivas não se encontrar totalmente ressarcida.

2 – No prazo de 10 dias após o ressarcimento integral, a entidade promotora das obras coercivas notifica os arrendatários da cessação do dever de depositar a renda.

ARTIGO 20º [4]
Arrendamento pela entidade promotora das obras coercivas
(Revogado)

ARTIGO 21º
Arrolamento de bens

1 – Se, no momento da ocupação, forem encontrados bens no local a ocupar, proceder-se-á ao seu arrolamento.

2 – Para efeitos do arrolamento referido no número anterior, procede-se da seguinte forma:

a) É lavrado auto em que se descrevem os bens, em verbas numeradas, e se mencionam quaisquer ocorrências relevantes;

b) O auto é assinado pelo funcionário que o lavrar e pelo possuidor dos bens, se existir, devendo intervir duas testemunhas quando não for assinado por este último;

c) Ao ato de arrolamento assiste o possuidor ou detentor dos bens, sempre que queira e esteja no local ou seja possível chamá-lo, podendo fazer-se representar por mandatário judicial;

[4] Revogado pelo artigo 6º da Lei nº 66/2019 de 21 de Maio.

d) Os bens arrolados ficam depositados à guarda da entidade promotora das obras coercivas e são entregues ao respetivo dono, a requerimento deste, sem prejuízo de só poderem ser repostos no fogo despejando após a conclusão das respetivas obras;

e) São aplicáveis ao arrolamento as disposições relativas à penhora, com as devidas adaptações, em tudo que não contrarie o estabelecido neste artigo.

3 – O arrendatário é responsável pelas despesas resultantes do despejo.

4 – O dono dos bens é responsável pelas despesas resultantes do depósito e arrolamento daqueles.

ARTIGO 22º
Obras por iniciativa de outras entidades

O disposto na presente subsecção é aplicável, com as devidas adaptações, à realização de obras em prédios arrendados por entidade à qual a lei confira esse direito, nomeadamente sociedades de reabilitação urbana, fundos de investimento imobiliário e fundos de pensões.

SUBSECÇÃO III
EXECUÇÃO DE OBRAS PELO ARRENDATÁRIO

ARTIGO 22º-A
Âmbito

1 – O disposto na presente subsecção aplica-se à execução das seguintes obras pelo arrendatário, em substituição do senhorio:

a) Obras objeto de intimação prevista no nº 2 do artigo 89º do regime jurídico da urbanização e da edificação, aprovado pelo Decreto-Lei nº 555/99, de 16 de dezembro, ou no nº 1 do artigo 55º do regime jurídico da reabilitação urbana, aprovado pelo Decreto-Lei nº 307/2009, de 23 de outubro nos termos do artigo seguinte;

b) Reparações previstas no nº 1 do artigo 1036º do Código Civil.

2 – O disposto nos números 3 e 4 do artigo 22º-C e no artigo 22º-D aplica-se, ainda, às obras previstas no nº 2 do artigo 1036º do Código Civil.

3 – As obras previstas nos números anteriores incluem a execução de obras nas partes comuns previstas no artigo 1427º do Código Civil ou determinadas pela assembleia de condóminos.

4 – A execução das obras previstas nos números anteriores confere ao arrendatário direito a compensação, nos termos dos artigos seguintes.

5 – O comprovativo da qualidade de arrendatário constitui título habilitante para a promoção dos procedimentos de controlo prévio de operações urbanísticas e demais autorizações que se mostrem devidos para a execução das obras previstas nos números anteriores.

ARTIGO 22º-B
Execução de intimação

1 – Caso o senhorio não cumpra os prazos de início ou de conclusão das obras previstas na alínea *a)* do nº 1 do artigo anterior, tem o arrendatário a possibilidade de fazê-las extrajudicialmente.

2 – Cessa o disposto no número anterior quando o senhorio não der início à obra por motivo imputável à Administração Pública, nomeadamente por demora no licenciamento da obra ou na decisão sobre a atribuição de apoio à reabilitação do prédio.

3 – No caso previsto no nº 1, a obra deve limitar-se ao objeto da intimação a que se reporta, em cujo procedimento o arrendatário é interessado.

ARTIGO 22º-C
Comunicações ao senhorio

1 – Nos casos previstos no nº 1 do artigo 22º-A, o arrendatário que pretenda exercer o direito à execução das obras comunica essa intenção ao senhorio com antecedência mínima de 15 dias em relação à data prevista para início da execução, expondo os fatos que lhe conferem o direito de as efetuar e juntando o respetivo orçamento, mapa de quantidades, data prevista para o início e conclusão das obras e indicação da necessidade de realojamento temporário de arrendatários que se mostre indispensável para o efeito.

2 – Ao orçamento das obras, aplica-se, com as devidas adaptações, o disposto no artigo 14º.

3 – A conclusão das obras é comunicada pelo arrendatário ao senhorio no prazo máximo de 30 dias, junto com a apresentação dos comprovativos das despesas realizadas e indicando:

a) O valor da compensação devida nos termos do nº 1 do artigo seguinte;

b) O valor já deduzido por conta da compensação, previsto no nº 2 do artigo seguinte;

c) O valor da compensação em dívida pelo senhorio, nos termos do nº 3 do artigo seguinte;

d) A modalidade de pagamento da compensação em dívida, nos termos do nº 4 do artigo seguinte, e as respetivas condições de pagamento.

4 – As comunicações previstas no presente artigo são feitas nos termos do artigo 9º do NRAU.

ARTIGO 22º-D
Compensação

1 – O valor a ter em conta para efeitos de compensação é o correspondente às despesas das obras efetuadas e orçamentadas e respetivos juros, acrescidas de 5%

destinados a despesas de administração, e aos custos suportados com o realojamento temporário dos arrendatários.

2 – O arrendatário pode, por conta da compensação devida nos termos do presente artigo, deduzir o valor despendido com as obras no valor das rendas mensais vincendas a partir do início da execução.

3 – Concluída a execução das obras, o valor da compensação em dívida corresponde ao valor da compensação devida nos termos do nº 2, subtraído do valor deduzido nos termos do número anterior.

4 – Para pagamento do valor da compensação em dívida, o arrendatário pode optar por uma das seguintes modalidades:

a) Pagamento direto pelo senhorio, em prazo não inferior a 60 dias;

b) Dedução no valor das rendas mensais vincendas a partir da data da receção da comunicação prevista no nº 3 do artigo anterior.

5 – Cessando, por qualquer causa, o contrato de arrendamento antes do ressarcimento completo do arrendatário, este tem o direito de receber o valor em falta.

SECÇÃO III
REGIME ESPECIAL TRANSITÓRIO

SUBSECÇÃO I
DISPOSIÇÕES GERAIS

ARTIGO 23º
Âmbito de aplicação

1 – O disposto na presente secção aplica-se apenas aos contratos de arrendamento para habitação celebrados antes da entrada em vigor do RAU, aprovado pelo Decreto-Lei nº 321-B/90, de 15 de Outubro;

2 – Em tudo o não previsto na presente secção aplica-se o disposto na secção anterior.

SUBSECÇÃO II
INICIATIVA DO SENHORIO

ARTIGO 24º
Denúncia para demolição

1 – A faculdade de denúncia para demolição rege-se pelo disposto no artigo 7º, sem prejuízo do disposto no artigo seguinte.

2 – *(Revogado)*.

ARTIGO 25º
Denúncia de contrato com arrendatário com idade igual ou superior a 65 anos, ou com deficiência com grau de incapacidade igual ou superior a 60%

1 – À denúncia do contrato de duração indeterminada para demolição ou realização de obra de remodelação ou restauro profundos, nos termos da alínea *b)* do artigo 1101º do Código Civil, quando o arrendatário tiver idade igual ou superior a 65 anos ou deficiência com grau comprovado de incapacidade igual ou superior a 60%, aplica-se o disposto no artigo 6º, sem prejuízo do disposto no número seguinte.

2 – O realojamento previsto na alínea *b)* do nº 1 do artigo 6º dá lugar à celebração de novo contrato por duraçãoo indeterminada, não sendo aplicável o disposto na alínea c) do artigo 1101º do Código Civil.

3 – À renda a pagar pelo novo contrato de arrendamento é aplicável, com as necessárias adaptações, o disposto nas alíneas *a)* e *b)* do nº 2 do artigo 35º do NRAU, sem prejuízo do disposto no artigo seguinte.

4 – Se o arrendatário invocar e comprovar que o RABC do seu agregado familiar é inferior a cinco RMNA, aplica-se para efeitos do valor da renda a que se refere o número anterior o disposto no nº 7, na alínea *a)* do nº 9 e no nº 10 do artigo 36º do NRAU.

5 – *(Revogado.)*

6 – *(Revogado.)*

7 – *(Revogado.)*

8 – *(Revogado.)*

9 – *(Revogado.)*

10 – *(Revogado.)*

11 – *(Revogado.)*

12 – *(Revogado.)*

ARTIGO 26º
Suspensão do contrato para remodelação ou restauro

(Revogado)

ARTIGO 26º-A
Suspensão da execução do contrato para remodelação ou restauro profundos

1 – Em caso de suspensão da execução do contrato para remodelação ou restauro profundos, pelo período de decurso das obras, nos termos do artigo 5º-A, quando o arrendatário tiver idade igual ou superior a 65 anos ou deficiência com grau comprovado de incapacidade igual ou superior a 60%, aplica-se o disposto nos artigos 9º-B e 10º-A, sem prejuízo do disposto nos números seguintes.

2 – Caso opte pela denúncia do contrato nos termos do nº 2 do artigo 10º-A, o arrendatário tem direito à indemnização prevista na alínea *a)* do nº 1 do artigo 6º.

3 – Ao realojamento temporário do arrendatário é aplicável o disposto nos nºs 3 a 5 do artigo 6º.

ARTIGO 27º
Atualização da renda
(Revogado)

SUBSECÇÃO III
INICIATIVA DO MUNICÍPIO

ARTIGO 28º
Atualização da renda
(Revogado)

SUBSECÇÃO IV
INICIATIVA DO ARRENDATÁRIO

DIVISÃO I
ÂMBITO DE APLICAÇÃO

ARTIGO 29º
Responsabilidade pelas obras ou pelos danos
(Revogado)

DIVISÃO II
MANUTENÇÃO DO ARRENDAMENTO

ARTIGO 30º
Atuação do arrendatário
(Revogado)

ARTIGO 31º
Legitimidade
(Revogado)

ARTIGO 32º
Procedimento
(Revogado)

ARTIGO 33º
Compensação
(Revogado)

ARTIGO 34º
Compensação e valor da renda
(Revogado)

DIVISÃO III
AQUISIÇÃO DO LOCADO PELO ARRENDATÁRIO

ARTIGO 35º
Legitimidade
(Revogado)

ARTIGO 36º
Ação de aquisição
(Revogado)

ARTIGO 37º
Legitimidade passiva
(Revogado)

ARTIGO 38º
Valor da aquisição
(Revogado)

ARTIGO 39º
Obrigação de reabilitação e manutenção
(Revogado)

ARTIGO 40º
Reversão
(Revogado)

ARTIGO 41º
Registo predial
(Revogado)

ARTIGO 42º
Prédios constituídos em propriedade horizontal
(Revogado)

ARTIGO 43º
Prédios não constituídos em propriedade horizontal
(Revogado)

ARTIGO 44º
Aquisição de outras fracções
(Revogado)

SECÇÃO IV
DISPOSIÇÕES SANCIONATÓRIAS

ARTIGO 45º
Responsabilidade contraordenacional

1 – Sem prejuízo da responsabilidade civil, criminal ou disciplinar, são puníveis como contraordenação as falsas declarações dos técnicos autores de projetos no termo de responsabilidade previsto na alínea *a)* do nº 2 do artigo 8º.

2 – A contraordenação prevista no número anterior é punível com coima de € 3000 a € 200 000.

3 – A negligência é punível, sendo os limites mínimos e máximos das coimas reduzidos para metade.

4 – A tentativa é punível com a coima aplicável à contraordenação consumada, especialmente atenuada.

5 – Consoante a gravidade da contraordenação e a culpa do agente, pode ser aplicada, simultaneamente com a coima, a sanção acessória de interdição do exercício, até ao máximo de quatro anos, da profissão ou atividade conexas com a infração praticada.

6 – As sanções previstas nos números anteriores são comunicadas à ordem ou associação profissional respetiva, quando exista.

7 – Sem prejuízo das competências atribuídas por lei a outras autoridades policiais e fiscalizadoras, a competência para determinar a instauração dos processos de contraordenação, para designar o instrutor e para aplicar as coimas e as sanções acessórias pertence ao presidente da câmara municipal ou, se houver delegação de competências, aos vereadores.

8 – O produto da aplicação das coimas reverte a favor do município, inclusive quando as mesmas sejam cobradas em juízo.

ARTIGO 46º
Responsabilidade criminal

1 – As falsas declarações ou informações prestadas no termo de responsabilidade previsto na alínea *a)* do nº 2 do artigo 8º pelos técnicos autores de projetos são puníveis nos termos do artigo 256º do Código Penal.

2 – O disposto no número anterior não prejudica a aplicação do artigo 277º do Código Penal.

SECÇÃO V
DISPOSIÇÕES FINAIS E TRANSITÓRIAS

ARTIGO 47º
Comunicações

Às comunicações entre senhorio e arrendatário previstas no presente decreto-lei aplica-se o disposto nos artigos 9º a 12º do NRAU.

ARTIGO 48º
Alteração ao Decreto-Lei nº 555/99, de 16 de dezembro

1 – O artigo 92º do Decreto-Lei nº 555/99, de 16 de dezembro, passa a ter a seguinte redação:

«Artigo 92º

Despejo administrativo

1 – (...)

2 – (...)

3 – (...)

4 – (...)

5 – Ao despejo de ocupante titular de contrato de arrendamento aplica-se o disposto no Decreto-Lei nº 157/2006, de 8 de Agosto.»

2 – O prazo previsto no nº 2 do artigo 71º do Decreto-Lei nº 555/99, de 16 de Dezembro, para requerer a emissão do alvará não corre na pendência das ações de aquisição ou denúncia previstas neste decreto-lei.

ARTIGO 49º
Norma revogatória

É revogada a Lei nº 2088 de 3 de Junho de 1957.

ARTIGO 50º
Entrada em vigor

O presente decreto-lei entra em vigor no 30º dia seguinte ao da sua publicação.

Decreto-Lei nº 156/2015, de 10 de agosto[5]

No âmbito da reforma do arrendamento promovida em 2012, com a alteração do Novo Regime do Arrendamento Urbano, foi estabelecido o regime aplicável à atribuição de subsídio de renda aos arrendatários, com contratos de arrendamentos para fim habitacional anteriores a 18 de novembro de 1990, e que se encontrassem, àquela data, em processo de atualização faseada de renda, ao abrigo do Novo Regime do Arrendamento Urbano (NRAU), aprovado pela Lei nº 6/2006, de 27 de fevereiro.

O referido regime de subsídio de renda foi regulamentado pelo Decreto-Lei nº 158/2006, de 8 de agosto, alterado pelo Decreto-Lei nº 266-C/2012, de 31 de dezembro, o qual previu, desde logo, que seriam definidos em diploma próprio os termos e as condições da resposta social a atribuir pelo Estado aos arrendatários habitacionais que entrassem em processo de atualização da renda nos termos da reforma do arrendamento de 2012, após o período transitório de cinco anos conforme já resultava, também, do nº 10 do artigo 36º do NRAU, aprovado pela Lei nº 6/2006, de 27 de fevereiro, alterado pela Lei nº 31/2012, de 14 de agosto.

Foi estabelecido, ainda, que essa resposta social, no caso de arrendatários com idade igual ou superior a 65 anos ou deficiência com grau comprovado de incapacidade igual ou superior a 60%, seria efetivada, preferencialmente através da atribuição de subsídio de renda correspondente à diferença entre o valor da renda que for devida em função do RABC do agregado familiar e o valor da renda atualizada após o final do período transitório.

O presente decreto-lei vem estabelecer a resposta social que se encontrava legalmente assumida, definindo o regime de subsídio de renda que passa a ser

[5] O Decreto-Lei nº 156/2015 de 10 de Agosto tem a redacção dada pela Lei nº 13/2019 de 12 de Fevereiro.

aplicável a todos os arrendatários habitacionais, com contratos anteriores a 18 de novembro de 1990, após o período transitório de cinco anos definido atualmente no NRAU ou após o período de faseamento de renda de 10 anos, estabelecido na versão originária do NRAU, e que invocaram, perante o senhorio, no âmbito do processo de atualização da renda, rendimentos do respetivo agregado familiar inferiores a cinco retribuições mínimas nacionais garantidas.

Com efeito, de acordo com os artigos 35º e 36º do NRAU, aprovado pela Lei nº 6/2006, de 27 de fevereiro, alterado pelas Leis nºs 31/2012, de 14 de agosto, e 79/2014, de 19 de dezembro, os arrendatários podem invocar circunstâncias perante o senhorio, no processo de atualização da renda, concretamente uma idade igual ou superior a 65 anos, uma deficiência com grau de incapacidade igual ou superior a 60% ou uma situação de debilidade económica, correspondente a um rendimento anual inferior a cinco retribuições mínimas nacionais garantidas.

Nos casos de debilidade económica, a lei já previa que, durante um período transitório de cinco anos, as rendas seriam limitadas em função dos rendimentos dos arrendatários que invocassem uma situação de debilidade económica, fixando-se, agora, pelo presente decreto-lei, o apoio social de que estes arrendatários podem beneficiar, no final do referido período transitório.

Assim, promove-se uma resposta social para todos os arrendatários cujo período transitório está a decorrer, mas também para aqueles que ainda podem iniciar este período, na sequência de um processo de transição para o regime do NRAU que seja despoletado pelo senhorio. Em qualquer caso, o novo regime só tem aplicação no final do período transitório, o que não ocorrerá antes de 2017.

O regime contempla um subsídio de renda que pode assumir duas modalidades, podendo traduzir-se num subsídio para arrendamento em vigor, o qual permite aos arrendatários manter o contrato de arrendamento e a sua residência atual, ou em alternativa optar, se assim o desejarem, por um subsídio para um novo contrato de arrendamento.

O apoio, na modalidade de subsídio para arrendamento em vigor, corresponde ao diferencial entre a renda fixada para o período transitório, atualizada em face dos rendimentos que o agregado familiar aufere no final deste período, e o valor da renda atualizada, que pode ascender, na falta de acordo das partes, a um máximo de 1/15 do valor patrimonial tributário do locado. Com efeito, o presente decreto-lei estabelece o subsídio corresponde, em todas as situações, à totalidade do valor da renda que ultrapasse o valor que o agregado pode suportar em função do seu RABC.

O direito ao subsídio não é reconhecido aos arrendatários que sejam proprietários de outra habitação no mesmo concelho da situação do locado ou em concelho limítrofe ou, ainda, na mesma área metropolitana do locado, desde que o imóvel seja adequado a satisfazer o fim habitacional do agregado e não constitua residência permanente de terceiros com direitos legais ou contratuais sobre o mesmo.

Por outro lado, a faculdade que é atribuída ao arrendatário, de mudar de residência e utilizar o subsídio num novo contrato de arrendamento, permite-lhe escolher a habitação que melhor se adapta às necessidades do seu agregado familiar e que melhores condições de habitabilidade apresenta, contribuindo, assim, para a dinamização do mercado de arrendamento e para incentivar a reabilitação dos imóveis que estiveram sujeitos a rendas antigas, em particular nos centros urbanos.

O arrendatário pode, ainda, a qualquer momento, optar por mudar entre uma das modalidades de subsídio de renda e pode, inclusivamente, solicitar a atribuição de uma habitação em regime de arrendamento apoiado, no município do locado ou noutro município para onde pretenda mudar a sua residência. O regime e a diversificação das modalidades do subsídio de renda procura responder às especificidades das famílias abrangidas. Contudo, tendo em atenção as especiais dificuldades que se colocam à população mais idosa ou com deficiência, nomeadamente perante uma eventual mudança do local onde residem, a resposta social é no sentido de permitir a manutenção da atual residência sempre que essa seja a opção dos arrendatários.

Foram ouvidos os órgãos de governo próprios das regiões autónomas, a Associação Nacional de Municípios Portugueses e a Comissão Nacional de Proteção de Dados.

Assim:

Nos termos da alínea *a)* do nº 1 do artigo 198º da Constituição, o Governo decreta o seguinte:

ARTIGO 1º
Objeto e âmbito

1 – O presente decreto-lei estabelece o regime do subsídio de renda a atribuir aos arrendatários com contratos de arrendamento para habitação, celebrados antes de 18 de novembro de 1990 e que se encontrem em processo de atualização de renda, bem como aos contratos objeto de atualização extraordinária de renda a que se refere o nº 11 do artigo 36º do Novo Regime do Arrendamento Urbano.

2 – O presente decreto-lei estabelece, ainda, o regime de determinação do rendimento anual bruto corrigido (RABC), para efeitos de aplicação do disposto nos artigos 30º a 37º da Lei nº 6/2006, de 27 de fevereiro, alterada pela Leis nºs 31/2012, de 14 de agosto, e 79/2014, de 19 de dezembro, e de comprovação das condições de acesso ou de manutenção do subsídio de renda.

ARTIGO 2º
Definições

1 – Para efeitos do presente decreto-lei, considera-se:

a) «Retribuição mínima nacional anual» ou «RMNA», o valor da retribuição mínima mensal garantida (RMMG) referida no nº 1 do artigo 273º do Código do Trabalho, multiplicado por 14 meses;

b) «Agregado familiar», o conjunto de pessoas constituído pelo arrendatário e pelos seguintes indivíduos que tenham residência no locado:

i) Cônjuge, ainda que separado judicialmente de pessoas e bens;

ii) Ex-cônjuge, em situações de nulidade, anulação ou dissolução do casamento, ou pessoa que viva com o arrendatário em união de facto nos termos estabelecidos na Lei nº 7/2001 de 11 de maio, alterada pela Lei nº 23/2010, de 30 de agosto;

iii) Dependentes ou ascendentes do arrendatário, do seu cônjuge ou do seu ex-cônjuge ou da pessoa que com ele viva em união de facto;

iv) Outras pessoas que vivam em comunhão de habitação com o arrendatário há mais de um ano;

c) «Dependentes», as pessoas que sejam:

i) Filhos, adotados e enteados menores não emancipados, bem como os menores sob tutela;

ii) Filhos, adotados e enteados maiores, bem como aqueles que até à maioridade estiveram sujeitos à tutela de qualquer dos sujeitos do agregado familiar que, não tendo mais de 25 anos e não auferindo anualmente/2006 rendimentos superiores à retribuição mínima mensal garantida, frequentem estabelecimento de ensino; e

iii) Filhos, adotados, enteados e os sujeitos a tutela, maiores, inaptos para o trabalho e para angariar meios de subsistência, quando não aufiram rendimentos superiores à retribuição mínima mensal garantida;

iv) Os ascendentes cujo rendimento mensal seja inferior a uma retribuição mínima mensal garantida;

d) «Renda», o valor mensal da retribuição devida pelo arrendatário ao senhorio pelo gozo da habitação;

e) «Nova renda», a renda devida após:

i) O período de 10 anos estabelecido no nº 3 do artigo 38º da Lei nº 6/2006, na sua redação originária.

ii) O fim dos períodos transitórios de 8 e 10 anos previstos nos artigos 35º e 36º da Lei nº 6/2006 de 27 de fevereiro, com a redação dada pela Lei nº 43/2017, de 14 de junho;

iii) A atualização extraordinária de renda aplicada nos termos do nº 11 do artigo 36º da Lei nº 6/2006 de 27 de fevereiro, na redacção atual.

2 – Para efeitos da alínea *b)* do número anterior, quando o arrendatário não resida no locado, temporária ou permanentemente, por motivos de doença ou internamento em estabelecimentos de apoio social ou equiparados, considera-se agregado familiar do arrendatário o conjunto de pessoas referidas nos números anteriores que residam em permanência no local arrendado.

3 – O agregado familiar, a RMNA e os demais elementos relevantes para efeitos de determinação do RABC, são relativos ao ano civil anterior ao ato a cuja instrução a declaração de RABC se destina, sem prejuízo de, no caso de esta ser necessária para fazer prova do RABC em momento anterior, a informação se possa reportar a ano civil diferente.

CAPÍTULO I
RENDIMENTO ANUAL BRUTO CORRIGIDO

ARTIGO 3º
Rendimento anual bruto

1 – Considera-se rendimento anual bruto (RAB) o quantitativo que resulta da soma dos rendimentos anuais ilíquidos, nos termos do Código do Imposto sobre o Rendimento das Pessoas Singulares (CIRS), auferidos por todos os elementos do agregado familiar do arrendatário.

2 – Tratando-se de rendimentos da categoria B do CIRS enquadrados no regime simplificado, considera-se rendimento bruto o resultante da aplicação dos coeficientes previstos no nº 2 do artigo 31º do CIRS.

3 – O disposto no número anterior não prejudica a aplicação das restantes regras de determinação do rendimento da categoria B previstas no CIRS, no âmbito do regime simplificado.

4 – Tratando-se de rendimentos de categoria B, nos termos do CIRS, enquadrados no regime de contabilidade organizada, considera-se rendimento bruto o resultante do lucro apurado.

ARTIGO 4º
Rendimento anual bruto corrigido

1 – O RABC é o quantitativo que resulta da soma dos rendimentos anuais ilíquidos auferidos por todos os elementos do agregado familiar do arrendatário, corrigido pelos seguintes fatores:

a) Total dos rendimentos anuais ilíquidos, nos termos do artigo anterior, auferidos pelas pessoas que vivam em comunhão de habitação com o arrendatário há mais de um ano;

b) Número de dependentes do agregado familiar do arrendatário e das pessoas que vivam em comunhão de habitação com o arrendatário há mais de um ano;

c) Número de pessoas do agregado familiar portadoras de deficiência com grau comprovado de incapacidade igual ou superior a 60%.

2 – O RAB do agregado familiar do arrendatário é corrigido através da soma dos rendimentos anuais ilíquidos, nos termos previstos no artigo anterior, auferidos pelas pessoas que vivam em comunhão de habitação com o arrendatário há mais de um ano.

3 – A correção do RAB do agregado familiar do arrendatário em função do número de dependentes é feita através da dedução ao RAB do agregado familiar do arrendatário corrigido nos termos do número anterior do valor correspondente a 0,5 da RMNA, por cada dependente.

4 – Se no agregado familiar existir pessoa portadora de deficiência com grau comprovado de incapacidade igual ou superior a 60%, é deduzido ao RAB corrigido nos termos do nº 2 o valor correspondente a 0,5 da RMNA, cumulável com a correção prevista no número anterior, por cada indivíduo nestas condições.

5 – Sem prejuízo do disposto no nº 7, a declaração da qual conste o valor do RABC do agregado familiar do arrendatário é emitida pelo serviço de finanças competente, a pedido do arrendatário, para os efeitos previstos nos artigos 30º a 37º da Lei nº 6/2006, de 27 de fevereiro, alterada pela Leis n.os 31/2012, de 14 de agosto, e 79/2014, de 19 de dezembro.

6 – A emissão da declaração prevista no número anterior depende da apresentação, pelo requerente, de autorização dos membros do agregado familiar e das pessoas a que se refere a alínea *a)* do nº 1.

7 – Nas situações em curso de atualização faseada de renda, previstas nos artigos 30º a 49º da Lei nº 6/2006, de 27 de fevereiro, na sua redação originária, o serviço de finanças competente emite, a pedido do senhorio ou do arrendatário, declaração de que o RABC do agregado familiar do arrendatário é ou não superior a 3, 5 ou 15 RMNA.

8 – Sem prejuízo do disposto nos nºs 5 e 7, as declarações aí previstas não podem, em caso algum, revelar dados relativos à situação tributária protegidos pelo dever de confidencialidade estabelecido na Lei Geral Tributária, designadamente através da discriminação dos rendimentos pelos respetivos titulares.

9 – Os modelos dos pedidos e das declarações previstos nos nºs 5 e 7 são aprovados por portaria dos membros do Governo responsáveis pelas áreas das finanças, das autarquias locais e da habitação.

CAPÍTULO II
SUBSÍDIO DE RENDA

SECÇÃO I
DISPOSIÇÕES GERAIS

ARTIGO 5º
Condições de acesso

1 – Têm direito à atribuição de subsídio de renda, ao abrigo do presente decreto-lei, os arrendatários com contratos de arrendamento para habitação celebrados antes de 18 de novembro de 1990, objeto de atualização de renda nos termos dos artigos 35º e 36º da Lei nº 6/2006, de 27 de fevereiro, com a redação dada pela Lei nº 43/2017, de 14 de junho, ou em processo de atualização faseada do valor da renda previsto no artigo 41º da Lei nº 6/2006, de 27 de fevereiro, na sua redação originária, e no artigo 11º da Lei nº 31/2012, de 14 de agosto, bem como os contratos de arrendamento objeto da atualização extraordinária de renda prevista no nº 11 do artigo 36º da Lei nº 6/2006, de 27 de fevereiro, na redação atual, relativamente aos quais se verifiquem os seguintes requisitos:

a) Em resposta à comunicação efetuada pelo senhorio, para efeito de atualização da renda no âmbito da Lei nº 6/2006, alterada pela Leis n.os 31/2012, de 14 de agosto, e 79/2014, de 19 de dezembro, tenham invocado um RABC do respetivo agregado familiar inferior a cinco RMNA; e

b) Tenha decorrido o período transitório previsto nos artigos 35º e 36º da Lei nº 6/2006, de 27 de fevereiro, com a redação dada pela Lei nº 43/2017, de 14 de junho, ou tenha decorrido o prazo de 10 anos estabelecido no nº 3 do artigo 38º da Lei nº 6/2006, de 27 de fevereiro, na sua redação originária; ou

c) Tenha havido lugar à atualização extraordinária de renda prevista no nº 11 do artigo 36º da Lei nº 6/2006, de 27 de fevereiro, com a redação atual;

d) Desde que, em qualquer dos casos previstos nas alíneas anteriores, invoquem e comprovem, para efeitos de pedido de atribuição de subsídio, um RABC do respetivo agregado familiar inferior a cinco RMNA, através de declaração emitida há menos de um ano pelos serviços de finanças.

2 – O presente decreto-lei não é aplicável nos casos de atualização de renda efetuada nos termos do artigo 45º da Lei nº 6/2006, de 27 de fevereiro, na sua redação originária.

ARTIGO 6º
Exclusões

1 – Sem prejuízo de outras causas de exclusão específicas das modalidades do subsídio de renda previstas no presente decreto-lei, não tem direito a aceder à atri-

buição de subsídio de renda o arrendatário que se encontre numa das seguintes situações:

a) Os elementos do agregado familiar, cujos rendimentos são relevantes para o cálculo do respetivo RABC, não concedam a autorização necessária para acesso aos seus dados fiscais ou relativos ao processamento de pensões;

b) Não tenha no locado a sua residência permanente, sem prejuízo do disposto no nº 2 do artigo 2º;

c) Subarrende ou ceda o locado a qualquer outro título oneroso, total ou parcialmente, ainda que tenha autorização do senhorio para o efeito;

d) O próprio arrendatário ou algum dos elementos do respetivo agregado familiar referidos nas subalíneas *i)*, *ii)* e

iii) da alínea *b)* do nº 1 do artigo 2º seja proprietário, usufrutuário ou arrendatário de imóvel destinado a habitação, no mesmo concelho da situação do locado ou em concelho limítrofe ou na mesma área metropolitana do locado, desde que o imóvel seja adequado a satisfazer o fim habitacional do agregado e não constitua residência permanente de terceiros com direitos legais ou contratuais sobre o mesmo;

e) Aufira qualquer outro apoio para fins habitacionais.

2 – No caso da alínea *d)* do número anterior, o arrendatário deve demonstrar que o imóvel não é adequado a satisfazer o fim habitacional do agregado familiar ou não está em condições mínimas de habitabilidade, preferencialmente através de documento emitido pelos serviços públicos competentes em função do território e da matéria, nomeadamente os serviços municipais.

ARTIGO 7º
Requerimento e procedimento de atribuição do subsídio

1 – Cabe ao arrendatário requerer junto dos serviços de segurança social da área do locado ou através da Internet, a atribuição do subsídio de renda de acordo com a modalidade pretendida, devendo o requerimento ser devidamente instruído com os documentos obrigatórios e necessários à respetiva avaliação.

2 – O modelo dos requerimentos, a sua forma de entrega, os documentos instrutórios necessários e os procedimentos relativos à receção, análise e avaliação dos pedidos são estabelecidos por portaria dos membros do Governo responsáveis pelas áreas da habitação e da segurança social.

3 – O pedido do subsídio de renda pode ser apresentado nos seis meses que antecedem o termo do prazo de cinco anos previsto nos artigos 35º e 36º da Lei nº 6/2006, de 27 de fevereiro, alterada pelas Leis nºs 31/2012, de 14 de agosto, e 79/2014, de 19 de dezembro, ou que antecedem o termo do prazo de 10 anos estabelecido no nº 3 do artigo 38º da Lei nº 6/2006, na sua redação originária, ou decorridos estes prazos.

a) Nos seis meses que antecedem o termo dos prazos previstos no nº 1 do artigo 35º e na alínea *b)* do nº 7 do artigo 36º da Lei nº 6/2006, de 27 de fevereiro, com a redação dada pela Lei nº 43/2017, de 14 de junho;

b) Nos seis meses que antecedem o termo do prazo estabelecido no nº 3 do artigo 38º da Lei nº 6/2006, de 27 de fevereiro, na sua redação originária; ou

c) Nos seis meses que antecedem a renovação do contrato, nos casos previstos no nº 11 do artigo 36º da Lei nº 6/2006, de 27 de fevereiro, na redação atual.

4 – Os serviços de segurança social criam o processo correspondente a cada requerimento de atribuição do subsídio de renda e, no prazo de 15 dias a contar da data da apresentação do mesmo ou, se não estiver devidamente instruído, da data de entrega do último dos elementos necessários à respetiva instrução, enviam ao Instituto da Habitação e da Reabilitação Urbana, I. P. (IHRU, I. P.), a informação relevante para a tomada de decisão final do pedido.

5 – O IHRU, I. P., decide o pedido de subsídio de renda no prazo de 15 dias a contar da data do envio do requerimento pelos serviços de segurança social.

6 – A decisão do pedido de subsídio de renda é notificada, pelo IHRU, I. P., ao requerente e ao senhorio.

ARTIGO 8º
Decisão do pedido

1 – Sem prejuízo de outros factos que determinem o indeferimento nos termos legais, há lugar ao indeferimento do pedido de subsídio de renda, nas seguintes situações:

a) Não seja comprovada alguma das condições de acesso a que se refere o artigo 5º;

b) Exista uma causa de exclusão nos termos do artigo 6º.

2 – O pedido é deferido de acordo com os limites do subsídio a atribuir, definidos nos artigos 12º e 21º.

3 – O deferimento do pedido de subsídio de renda produz efeitos desde o primeiro dia do mês subsequente ao termo do prazo para decisão do pedido de subsídio de renda, se a renda atualizada a essa data já for devida, ou no primeiro dia do mês em que o seja.

4 – Nas situações de subsídio para novo arrendamento, o deferimento do pedido de subsídio só produz efeitos com a celebração do novo contrato de arrendamento.

ARTIGO 9º
Efeitos da apresentação do pedido

1 – O arrendatário deve comunicar ao senhorio, por escrito, que apresentou um pedido de subsídio de renda, com indicação da modalidade adotada, e enviar, ainda, o comprovativo da apresentação do pedido de subsídio.

2 – A atualização da renda pelo senhorio, nos casos previstos no nº 1 do artigo 5º, fica suspensa a partir do primeiro dia do mês seguinte à notificação a que se refere o número anterior ou, quando a atualização da renda ainda não seja exigível, a partir da data em que for devida.

3 – A notificação da decisão do pedido de subsídio de renda ao arrendatário determina o fim da suspensão da atualização da renda prevista no número anterior.

ARTIGO 10º
Modalidades do subsídio de renda

1 – Qualquer dos arrendatários com direito a subsídio de renda pode requerer a sua atribuição numa das seguintes modalidades:

a) Subsídio para arrendamento em vigor;

b) Subsídio para novo arrendamento.

2 – A opção pela modalidade de subsídio para arrendamento em vigor não impede a alteração para a opção de subsídio para novo arrendamento.

3 – Além das modalidades de subsídio de renda identificadas no nº 1, os arrendatários que reúnam as condições legais para atribuição daquele subsídio podem optar pela atribuição de habitação em regime de arrendamento apoiado.

SECÇÃO II
SUBSÍDIO PARA ARRENDAMENTO EM VIGOR

ARTIGO 11º
Subsídio para arrendamento em vigor

O subsídio para arrendamento em vigor é um apoio financeiro, concedido ao arrendatário sob a forma de uma subvenção mensal não reembolsável, relativo ao montante da nova renda e destinada a apoiá-lo a manter a sua residência permanente no locado.

ARTIGO 12º
Montante do subsídio para arrendamento em vigor

1 – O montante do subsídio para arrendamento em vigor é igual à diferença entre o valor da nova renda e o valor de renda que pode ser suportada pelo arrendatário de acordo com o nº 2 do artigo 35º da Lei nº 6/2006, de 27 de fevereiro, na sua redação atual, com base no RABC do agregado familiar do arrendatário, sem prejuízo do disposto no nº 4.

2 – Para efeitos do número anterior, é considerado o RABC do agregado familiar do arrendatário relativo ao ano civil anterior ao pedido de subsídio para arrendamento em vigor.

3 – Se à data da apresentação do pedido de subsídio para arrendamento em vigor ainda não estiverem apurados os rendimentos a que se referem os artigos 3º e 4º, é considerado o RABC do agregado familiar relativo ao segundo ano civil que antecede o pedido de subsídio.

4 – No caso previsto no nº 11 do artigo 36º do NRAU, o montante máximo do subsídio é igual à diferença entre a nova renda e a renda anterior à atualização extraordinária ali prevista.

ARTIGO 13º
Valor mínimo do subsídio para arrendamento em vigor

O subsídio para arrendamento em vigor é atribuído no valor correspondente a 5% de um indexante de apoios sociais (IAS), instituído pela Lei nº 53-B/2006, de 29 de dezembro, sempre que o respetivo cálculo determinar um valor inferior.

ARTIGO 14º
Duração do subsídio para arrendamento em vigor

1 – O subsídio para arrendamento em vigor é atribuído por um período de 24 meses, renovável por períodos iguais e sucessivos, desde que, antes do termo desse período, o arrendatário faça prova, através da entrega do comprovativo do RABC do seu agregado familiar, de que se mantêm os pressupostos da atribuição do subsídio e desde que não tenha ocorrido qualquer causa determinante da sua extinção.

2 – A primeira prestação do subsídio para arrendamento em vigor é devida a partir da data em que a decisão do pedido produz efeitos, nos termos dos nºs 3 e 4 do artigo 8º ou, em caso de renovação, a partir do primeiro dia do mês subsequente ao termo do período anterior.

3 – Nas situações em que as prestações sejam pagas após as datas referidas no número anterior, o arrendatário tem direito à recuperação dos montantes de subsídio atribuído, que entretanto não tiverem sido pagos.

ARTIGO 15º
Alteração do montante do subsídio para arrendamento em vigor

1 – O montante do subsídio para arrendamento em vigor pode ser atualizado, em cada momento, em função da alteração dos pressupostos da respetiva atribuição, designadamente nos seguintes casos:

a) Variação do RABC do agregado familiar do arrendatário igual ou superior a 5%;

b) Variação do RABC em virtude de alteração da composição do agregado familiar e ou da situação determinante da aplicação de um ou mais dos fatores de correção previstos no artigo 4º.

2 – No caso do número anterior, cabe ao titular do direito ao subsídio de renda comunicar aos serviços da segurança social as alterações verificadas, no prazo máximo de 15 dias a contar da data da respetiva ocorrência, devendo a comunicação ser instruída com a informação e os documentos que se revelem necessários à verificação dos factos.

3 – Os serviços da segurança social registam a comunicação de alteração de circunstâncias no correspondente processo e enviam-na ao IHRU, I. P., com as informações e os elementos relevantes para a respetiva apreciação, no prazo máximo de 15 dias a contar da data da sua receção.

4 – O IHRU, I. P., decide a alteração do subsídio, no prazo de 15 dias a contar da data do envio da comunicação referida no número anterior.

5 – A decisão a que se refere o número anterior produz efeitos a partir do mês seguinte ao da data da respetiva notificação ao titular do subsídio.

ARTIGO 16º

Manutenção do direito ao subsídio para arrendamento em vigor

1 – A morte do arrendatário ao qual foi atribuído o subsídio para arrendamento em vigor não prejudica a manutenção do direito a esse subsídio por parte da pessoa a quem o arrendamento se transmita nos termos dos artigos 57º e 58º da Lei nº 6/2006, de 27 de fevereiro, alterada pelas Leis nºs 31/2012, de 14 de agosto, e 79/2014, de 19 de dezembro, desde que o transmissário reúna os pressupostos para a manutenção do subsídio.

2 – Para efeito do disposto no número anterior, o transmissário deve comunicar a ocorrência e requerer a manutenção do subsídio de renda aos serviços de segurança social da área da habitação arrendada, no prazo máximo de 60 dias a contar da data do óbito do arrendatário, sob pena de caducidade do direito ao subsídio.

3 – A decisão sobre o pedido de manutenção do subsídio produz efeitos a partir do mês seguinte ao da data do óbito do arrendatário.

ARTIGO 17º

Cessação do subsídio para arrendamento em vigor

O subsídio para arrendamento em vigor cessa antes do termo de qualquer dos períodos de duração indicados no artigo 14º sempre que:

a) O contrato de arrendamento cuja renda é objeto de subsídio cesse a sua vigência pela verificação de qualquer causa determinante da sua extinção;

b) Se verifique a caducidade do direito ao subsídio por morte do arrendatário sem que lhe suceda pessoa com direito à manutenção do subsídio, nos termos do artigo anterior, ou o decurso dos prazos estabelecidos no presente decreto-lei para a realização de comunicações obrigatórias;

c) Cessem os pressupostos da atribuição do subsídio, nomeadamente quando o RABC do agregado familiar do arrendatário seja igual ou superior a cinco RMNA.

SECÇÃO III
SUBSÍDIO PARA NOVO ARRENDAMENTO

ARTIGO 18º
Subsídio para novo arrendamento

O subsídio para novo arrendamento é um apoio financeiro, concedido ao arrendatário, sob a forma de uma subvenção mensal não reembolsável, relativo ao montante da renda devida nos termos de um novo contrato de arrendamento e destinado a apoiá-lo a mudar a sua residência permanente para outra habitação adequada ao agregado familiar.

ARTIGO 19º
Pressupostos da opção

1 – A opção pela modalidade de subsídio para novo arrendamento implica a denúncia do contrato de arrendamento pelo arrendatário, após a notificação do deferimento do pedido.

2 – No caso de deferimento do pedido de subsídio para novo arrendamento, o valor mensal das rendas que forem devidas pelo arrendatário até à desocupação e entrega do locado é igual ao da última renda praticada antes da atualização para a nova renda, devendo o arrendatário desocupar o locado no prazo máximo de 90 dias.

ARTIGO 20º
Condições do subsídio para novo arrendamento

1 – São aplicáveis ao subsídio para novo arrendamento as normas relativas ao subsídio para arrendamento em vigor, com as adaptações necessárias.

2 – O fogo objeto do novo arrendamento deve corresponder à tipologia adequada à dimensão do agregado familiar do arrendatário, conforme consta do anexo ao presente decreto-lei, que dele faz parte integrante.

ARTIGO 21º
Valor do subsídio

O valor do subsídio de renda para novo arrendamento não pode ser superior ao valor do subsídio a que o arrendatário teria direito se não denunciasse o contrato de arrendamento abrangido pelo artigo 5º.

SECÇÃO IV

REGIME DE ARRENDAMENTO APOIADO

ARTIGO 22º
Condições do pedido de arrendamento apoiado

1 – O arrendatário que reúna as condições para atribuição de subsídio de renda pode optar pela mudança da sua residência permanente do atual locado para uma habitação de propriedade pública, atribuída em regime de arrendamento apoiado, nos termos da Lei nº 81/2014, de 19 de dezembro.

2 – A nova habitação deve situar-se no município da localização da habitação arrendada, salvo se o arrendatário requerer a atribuição de habitação localizada noutro município.

ARTIGO 23º
Requerimento

1 – Cabe ao IHRU, I. P., no prazo máximo de 30 dias, a contar da data do requerimento do subsídio na modalidade referida no artigo anterior, obter das entidades públicas proprietárias de habitações destinadas a atribuição em regime de arrendamento apoiado, a informação sobre a existência de uma habitação disponível e adequada à composição do agregado familiar do arrendatário.

2 – Ao requerimento para atribuição de habitação em arrendamento apoiado aplica-se o disposto nos nºs 1 e 2 do artigo 7º e no artigo 9º, com as necessárias adaptações.

ARTIGO 24º
Contrato de arrendamento apoiado

1 – A atribuição ao arrendatário de uma habitação em regime de arrendamento apoiado é efetuada mediante a celebração de um contrato de arrendamento com a entidade proprietária da habitação, sujeito ao regime do arrendamento apoiado, aprovado pela Lei nº 81/2014, de 19 de dezembro.

2 – A celebração do contrato referido no número anterior deve coincidir com a data da produção de efeitos da denúncia, pelo arrendatário, do anterior contrato de arrendamento.

SECÇÃO V
INCUMPRIMENTO E FISCALIZAÇÃO

ARTIGO 25º
Incumprimento

O não cumprimento por parte do beneficiário do subsídio de renda de quaisquer obrigações relativas ao acesso e manutenção do subsídio, nomeadamente a não entrega de elementos probatórios legalmente exigíveis, solicitados pelos serviços de segurança social ou pelo IHRU, I. P., no prazo que lhe for fixado para o efeito, ou o incumprimento do contrato subjacente à concessão do subsídio, determina a imediata cessação do pagamento do subsídio e a obrigação de restituição dos montantes indevidamente recebidos, sem prejuízo de outras sanções legais ou contratuais aplicáveis ao caso.

ARTIGO 26º
Responsabilidade penal

A prestação de falsas declarações, as omissões ou outros atos praticados por parte do beneficiário do subsídio de renda, com a intenção de obter ou manter ilicitamente o subsídio de renda, determinam a cessação imediata do respetivo pagamento e a obrigação de restituição das prestações do subsídio indevidamente recebidas, sem prejuízo de outras sanções aplicáveis, designadamente de natureza criminal.

ARTIGO 27º
Fiscalização e reavaliação oficiosa

1 – Compete ao IHRU, I. P., a fiscalização do cumprimento do disposto no presente decreto-lei pelos beneficiários do subsídio.

2 – O IHRU, I. P., procede à reavaliação, de dois em dois anos, dos pressupostos de manutenção do subsídio de renda.

ARTIGO 28º
Gestão e cooperação entre entidades públicas

1 – Compete ao IHRU, I. P., a gestão da atribuição dos subsídios de renda, incluindo a análise e decisão sobre os pedidos de atribuição e renovação do subsídio ou de alteração da respetiva modalidade, sendo as comunicações com os outros serviços públicos nesse âmbito efetuadas preferencialmente através de comunicação eletrónica.

2 – No âmbito e para efeito do disposto no número anterior, o IHRU, I. P., promove a articulação com as entidades e serviços públicos competentes para comprovar as condições de que depende a atribuição, a manutenção ou a alteração

do subsídio de renda, podendo aceder à informação da administração fiscal e das entidades processadoras de pensões relevante para o efeito, designadamente para verificar se o RABC do agregado familiar do arrendatário é superior a cinco RMNA.

3 – O acesso e a troca de informações, nomeadamente a confirmação e a informação sobre os dados referidos no número anterior, são efetuados através do recurso aos meios informáticos, assegurando-se sempre a proteção dos dados em causa.

CAPÍTULO III
DISPOSIÇÕES FINAIS E TRANSITÓRIAS

ARTIGO 29º
Encargos

1 – Cabe ao Estado, através do IHRU, I. P., assegurar a gestão e a concessão dos apoios financeiros previstos no presente decreto-lei, mediante dotação orçamental a inscrever anualmente no capítulo 60 do orçamento do Ministério das Finanças sobre proposta do IHRU, I. P.

2 – As verbas necessárias ao pagamento mensal dos apoios financeiros previstos no presente decreto-lei são transferidas, mensalmente, pela Direção-Geral do Tesouro e Finanças para a conta a indicar pelo IRHU, I. P., mediante previsão desta entidade, que efetua as transferências das verbas correspondentes ao referido apoio financeiro para a conta bancária identificada pelos beneficiários, até ao dia 8 do mês a que respeita.

ARTIGO 30º
Acesso aos dados

A atribuição, a renovação e a manutenção do subsídio de renda depende da autorização do requerente e dos membros do agregado familiar, para o acesso por parte do IHRU, I. P., à informação da administração fiscal e das entidades processadoras de pensões que seja relevante para efeitos de atribuição do subsídio.

ARTIGO 31º
Norma revogatória

É revogado o Decreto-Lei nº 158/2006, de 8 de agosto, alterado pelo Decreto-Lei nº 266 -C/2012, de 31 de dezembro, sem prejuízo do disposto no nº 2 do artigo seguinte.

ARTIGO 32º
Produção de efeitos

1 – O disposto no presente decreto-lei aplica-se aos pedidos de subsídio apresentados após a data da sua entrada em vigor.

2 – Os subsídios de renda já atribuídos ao abrigo do Decreto-Lei nº 158/2006, de 8 de agosto, alterado pelo Decreto-Lei nº 266-C/2012, de 31 de dezembro, mantêm-se e podem ser renovados nos termos do mesmo decreto-lei, até ao termo do período de atualização faseada de renda, cabendo à Direção-Geral do Tesouro e Finanças transferir, mensalmente, para a conta a indicar pelo IHRU, I. P., as verbas necessárias ao pagamento mensal desses apoios financeiros para que este efetue as necessárias transferências para as contas bancárias identificadas pelos beneficiários, até ao dia 8 de cada mês, exceto se os arrendatários optarem por requerer o subsídio de renda nos termos do presente decreto-lei.

Visto e aprovado em Conselho de Ministros de 25 de junho de 2015. – *Pedro Passos Coelho – Maria Luís Casanova Morgado Dias de Albuquerque – Pedro Alexandre Vicente de Araújo Lomba – Jorge Manuel Lopes Moreira da Silva – Luís Pedro Russo da Mota Soares.*

Promulgado em 4 de agosto de 2015.

Publique-se.

O Presidente da República, Aníbal Cavaco Silva.

Referendado em 6 de agosto de 2015.

O Primeiro-Ministro, *Pedro Passos Coelho.*

ANEXO
(a que se refere o nº 2 do artigo 20º)

QUADRO
Adequação da tipologia à dimensão do agregado familiar

Composição do agregado familiar (número de pessoas)	Tipologia de habitação [1]	
	Mínimo	Máximo
1	T 0	T 1/2
2	T 1/2	T 2/4
3	T 2/3	T 3/6
4	T 2/4	T 3/6
5	T 3/5	T 4/8
6	T 3/6	T 4/8
7	T 4/7	T 5/9
8	T 4/8	T 5/9
9 ou mais	T 5/9	T 6

(1) O tipo de cada fogo é definido pelo número de quartos de dormir e pela sua capacidade de alojamento (exemplo: T 2/3 — dois quartos, três pessoas).

ÍNDICE ANALÍTICO

INDICE

QUADROS

LEGISLAÇÃO